U0584106

滨州学院学科强基筑峰工程经费资助

九州文库

目标导向的写作教学有效实施与评价

白花丽 著

九州出版社
JIUZHOUPRESS

图书在版编目（CIP）数据

目标导向的写作教学有效实施与评价／白花丽著
. --北京：九州出版社，2021.9
ISBN 978 - 7 - 5225 - 0586 - 2

Ⅰ.①目… Ⅱ.①白… Ⅲ.①作文课—教学研究—初中 Ⅳ.①G633.342

中国版本图书馆 CIP 数据核字（2021）第 204873 号

目标导向的写作教学有效实施与评价

作　　者	白花丽　著
责任编辑	王　佶
出版发行	九州出版社
地　　址	北京市西城区阜外大街甲 35 号（100037）
发行电话	（010）68992190/3/5/6
网　　址	www.jiuzhoupress.com
印　　刷	三河市华东印刷有限公司
开　　本	710 毫米×1000 毫米　16 开
印　　张	13.5
字　　数	201 千字
版　　次	2022 年 1 月第 1 版
印　　次	2022 年 1 月第 1 次印刷
书　　号	ISBN 978 - 7 - 5225 - 0586 - 2
定　　价	85.00 元

★版权所有　侵权必究★

前　言

（一）研究目的

1. 基于科学取向教学论，丰富初中语文作文有效教学理论

以科学化教学论为指导，结合有效教学理论和写作心理理论，分析受建构主义影响而产生的"能力比知识更重要""反对传授现成的知识""课程即体验"等教学主张的合理性和存在的问题，建立科学化教学论指导下的作文有效教学的理论体系。

2. 制定科学的目标分类体系指导下的初中作文有效教学目标序列体系

以《布卢姆教育目标分类学（修订版)》为理论指导，以学生写作心理和有效教学理论为依据，重建初中作文有效教学目标序列，强化目标意识和产出导向。

3. 构建学生主体、训练强化的写作教学过程实施体系

结合科学的目标结果分类理论，基于写作能力属于智慧技能的学习结果分类，形成初中写作教学有效实施的基本策略，突出学生的主体性，指导写作技能的训练。

4. 建立目标参照、多元主体参与的初中作文有效教学评价体系

建立目标参照、量化为主、多元参与的指标考评体系，实现初中作文有效教学的持续改进的长效机制。

（二）研究意义

1. 学术价值

（1）运用科学取向教学论研究作文有效教学研究，充实作文有效教学研究的理论基础；

（2）基于科学取向教学论构建初中作文有效教学的目标序列、实施和评价策略。

2. 应用价值

（1）建立更加科学的写作教学目标制定、过程实施和质量评价的运行机制，促进写作教学的科学化；

（2）指导中学作文有效教学实践，助力学生提升写作素养。

（三）研究假设

1. 构建初中语文作文有效教学策略

初中写作教学存在较严重的"高耗低效"问题，写作教学迫切需要符合科学规律的作文有效教学策略的指导；运用科学取向的教学论，结合写作教学的规律和学生作文技能习得的规律，构建指导意义强、可操作性强的作文有效教学实施策略。

2. 制定序列化的初中作文有效教学目标，建立目标参照的教学评价体系

鉴于写作教学"无序"一直是困扰语文写作教学的难题，本研究将采用《布卢姆教育目标分类（修订版)》作为理论指导，借鉴其知识掌握情况的六级分类（记忆、理解、运用、分析、评价和创造），发挥其对初中写作教学以及评价有效性的重要指导作用，实现目标制定的科学化和可操作化。在初中作文有效教学评价策略上，强化目标参照意识，正确处理目标"预设与生成""统一与多元"的问题。在尊重学生个性和多元发展的基础上，建立写作教学评价的科学、一致的标准，致力于解决标准不确

定、无法展开有效的教学评价等现实问题。

（四）研究设计

1. 研究视角聚焦于科学取向教学论指导下的初中写作教学改革

目标导向教学论基于教育心理学的研究成果建立，相较于哲学取向的教学论，它有明显的优点。首先，它的概念一般经过严格定义，由这些概念构成的原理含义清晰；其次，科学取向的教学论可以明确告诉教师做什么和如何做，可操作性强；再次，用这样的理论培训教师，教师的专业发展相对较快。本研究将科学取向教学论运用于初中语文写作教学改革，有助于作文有效教学研究的深入。

2. 研究成果将实现有效写作教学、有效作文训练和有效作文评价的高度融合

有效的写作教学要有合理的教学目标、恰当的教学策略、多元的教学评价。本研究将致力于建立科学化、序列化的初中作文有效教学目标体系；构建学生主体、训练强化的过程实施策略；建立目标参照、多元主体参与的初中作文有效教学评价策略。

3. 教学实践模型中突出目标导向，建立初中作文有效教学的任务体系和目标参照测评体系

科学取向教学论不同于哲学取向的教学论，目标导向教学在决定采用何种教学策略之前，先做任务分析。任务分析是一项复杂的教学设计技术，随着学习理论的发展而发展。首先，要确定学生学习新任务之前他们的起点能力是什么；其次，分析教学目标中蕴含的学习类型；再次，分析从学生的学习起点到达到教学目标所需要满足的内部和外部条件。

（五）研究路线

本研究采取的技术路线如下图所示：

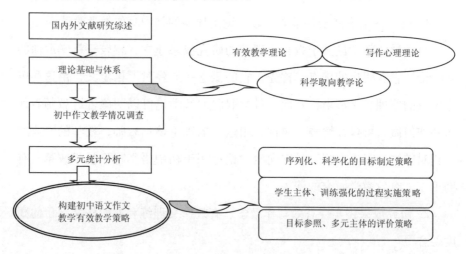

图 0-1 研究技术路线图

具体归纳为如下三点：

1. 进行文献搜集与整理，研读国内外有效教学理论、写作心理理论和科学取向教学论相关文献资料，形成对写作有效教学的科学认识，建立基于科学取向教学论的写作有效教学的理论体系。

2. 进行调查研究，以初中生和初中语文教师为主要调查对象，了解中学写作教学的实践情况，获得真实素材，总结经验，全面掌握初中写作教学的现状和存在的问题，将调查结果作为指标体系构建的重要依据。

3. 通过比较、分析，确定写作教学目标体系的序列；重建写作教学的实施指标体系；制定写作教学质量的评价等级体系；构建初中语文写作有效教学策略。

目　录
CONTENTS

第一章

目标导向的写作教学概述

一、目标导向的写作教学理论发展

（一）发展背景

随着国际上掀起的一场基础教育改革浪潮，我们国家也开展了第八次基础教育课程改革。按照教育部颁布的《基础教育课程改革纲要》的精神，义务教育阶段的语文学科课程改革中，应考虑学生的实际需要，立足于学生不同发展阶段的身心发展特点，根据语文教育各阶段的课程大纲和标准来进行课程的设计。写作教学作为语文教育的重要内容之一，也必须进行适时适度的改革，才能使教学内容和形式更容易被学生理解和接受。写作是以书面语言为载体，传递信息、表达情感、交流思想的手段，是21世纪人们之间沟通交流的重要方式。教师要更新教育观念，努力培养学生成为面向21世纪高素质人才所需要的写作素养。《哈佛通识教育红皮书》中指出，要成为"完整的人"需要具备四种能力，包括有效思考的能力、清晰交流思想的能力、做出恰当判断的能力和辨别价值的能力。学生时代的写作能力培养对于发展这四种能力有重要作用。

国外对目标导向教学的研究自20世纪50年代就已经开始。而在国内，1986年布卢姆在华东师范大学的讲学，使当时我国的教育家们将目光聚集到了目标导向教学理论上来，由此开展了对这一理论的系统研究，至今在语文、数学、物理、信息技术、英语等多个学科领域均有与目标导向理论相关的研究，为我国基础教育提供了许多借鉴。在许多学科领域中应用的"知识分类与目标导向教学"理论与技术是邵瑞珍教授领导的华东师范大学心理科学研究组经过大量研究总结出来，并逐渐发展起来的。1998年，皮连生的著作《知识分类与目标导向教学——理论与实践》正式出版，这是我国目标导向教学理论研究发展的标志性成果。

皮连生等提出的"知识分类与目标导向的教学"理论，在"智力的知识观"基础上，将研究如何发展智力的问题转换为"研究如何有效地掌握不同类型的知识的问题",[①] 以期更好地解释学习知识与发展智力之间的关系。这一理论，以布卢姆的教育目标分类理论、加涅的学习结果分类理论为指导，同时结合了教学设计原理以及当代认知心理学的研究成果，对写作教学的目标设定及有效教学有很强的指导意义。现代认知心理学家认为，写作过程也是解决问题的过程，"写作能力可以用广义知识分类中的三类知识来解释"。[②] 例如，写作过程涉及的构思、表达和修改等，构思过程中需要提取与写作题目有关的内容知识，属于陈述性知识；构思过程中的审题、选择和组织信息等活动，需要应用策略性知识；表达需要用字、词、句、篇等知识，这些知识以基本写作技能的形式存储在写作者身上。可见，写作过程涉及陈述性知识、一般写作技能和写作策略这三方面知识的综合运用。进行目标导向的写作教学，有助于解决写作教学无目标运行的问题，帮助写作教学摆脱效率低的困难境地。

（二）研究现状

随着教学理论研究的不断深化和实践领域的不断拓展，有效教学的地

---

① 皮连生. 知识分类与目标导向教学［M］. 上海：华东师范大学出版社，2008.9.
② 皮连生. 知识分类与目标导向教学［M］. 上海：华东师范大学出版社，2008.11.

位与作用日益凸显，国内外许多学者对有效教学以及写作教学领域的有效教学进行了研究，取得了一系列研究成果，主要集中在以下几个方面：

1. 写作教学论和有效写作教学的研究

（1）有效教学的含义、特征研究。中外学者对于有效教学进行了大量的研究，在提高教学有效性、有效教学方法等方面形成了一些共识，但是有效教学如何去定义、怎样去评估等问题仍然有一定的争议。D. Cruickshank（1990）在其《给教师和教师教育者以启示的研究》一书中，总结了 20 世纪七八十年代以来有关有效教学的近千项研究，归纳了有效教学的七大特征。国内自 2000 年起开展基础教育课程改革，在"新课改"实施过程中，兴起了"有效教学"研究。陈厚德编著的《有效教学》（2000）是国内首部专门论述有效教学的著作，论述了有效教学的基本原则、基本要素、基本模式和教学的基本素质等。崔允漷（2001）论述了有效教学的来源及理论基础，指出有效教学的理念源于 20 世纪上半叶西方的教学科学化运动，特别是受美国实用主义哲学和行为主义心理学影响。皮连生、吴红耘（2011）指出，任何有效教学的理论必须明确回答如下三个问题：一是带领学生去哪里，二是怎么带领学生去那里，三是怎么确信学生已经到达那里。有效教学的实施应从教学目标、教学过程和教学评价三个层面入手。教学行为是教师在教学中影响学生学习的活动或表现，对教学效果的影响显著。有效教学有多种特征，教师在有效教学中表现出较强的个别差异。P. Mortimore（1994）总结了现代教师实现有效教学所需要的一些技能，包括：组织技能、分析技能、综合技能、讲授或呈现技能、作业评定技能等。陈玲玲（2019）指出，影响有效教学的主要因素包括学生的学习主动性与教师的教学素养两个方面，并提出了有效教学的类型、问题及改进建议。肖庆华（2019）指出有效教学易异化为知识主义教学、灌输主义教学和技术主义教学这三种形态，应加强教师师德修养，坚持平等原则，以约束教学。

（2）有效教学的策略和模式研究。教学策略或教学模式与教学效果关系的研究表明，在教学中教师综合地运用有效的教学方式能更好地促进学生的学习。J. Ysseldyke 、J. Elliott（1999）认为，有效教学体现在计划教学、管理教学、呈现教学和评估教学四个过程中。王曦（2000）论述了有效教学与低效教学的课堂行为差异。杨勇和杨今宁（2012）提出有效教学的三层含义：一是有效果，二是有效率，三是有效用。郑岚、徐彬（2019）认为应通过师助生主、教学行为互动化和评价标准明细化等方式实现有效教学。

（3）作文有效教学的研究。针对中学写作教学存在的高耗低效等问题，国内写作教学研究者们在教学模式、教学策略、教学目标、教学内容等方面进行了不少探索。例如，很多研究将写作教学分解成审题、立意、选材、语言组织等步骤，选取一个点来摸索有效的实施策略；还有学者重点关注如何指导学生提高作文应试技巧。这些研究探讨了写作教学中的问题，并尝试寻找对策，但是经验性的分析较多，缺少对学生写作问题实质性的分析和具体有效的解决办法。随着有效教学研究的持续推进，写作教学中进行的有效教学研究日益增多，已取得了一些成果。韦志成著的《作文教学论》（1998）和马正平编著的《中学写作教学新思维》（2003）在对某种文体的写作和训练设计中，将一般的写作思维、写作文化的原理落实到具体的文体写作之中，以指导作文教学实践。刘淼的《作文心理学》（2001）、朱晓斌的《语文教学心理学》（2012）等从学生的写作心理角度切入，研究了作文教学过程的组织和教学方法选择的依据。彭小明、韩利平著的《写作教学论：三段九级写作教学模式研究》（2017）论述了写虚作文、写实作文、创新作文三种类型的写作模式，旨在建构新型和有效的写作训练与作文教学模式的理论和实践体系。在作文有效教学的教学过程、教学方法方面，也有一些相关研究。教学过程和教学方法应当针对影响教学质量的各种要素来确定，因评价的对象、目的、角度不同，教学过程和教学方法也不同。目前研究者多从实践中的问题出发，为作文有效教学建言献策。例如，邵艳（2018）指出，要从搭建和谐师生关系的平台、营造和谐的学校教学氛围、创设和谐的教学方式、生成激励性的教学评价机制四个切入点来建构和谐的课堂氛围，实现有效教学。陈立红（2019）尝试结合初中作文教学中的问题，提出有效性的提高策略。

2. 写作能力作为语言文字应用能力一部分的研究

写作能力作为语言文字应用能力的一部分，其研究随着语言文字应用能力相关研究的发展而发展。在语言文字应用能力研究方面，国内外的研究成果主要集中在以下几个方面：（1）语言文字应用能力的时代特征。对于语言文字应用能力内涵的理解具有动态性特征和时代性特点。海姆斯（Hymes，1972）认为语言文字应用能力包括实施手段上的可行性、语境中的适宜性和现实中的实施情况三个部分，体现为具体情景中语言运用的合适性。利奇（Leech，1983）提出把语用学区分为语用语言学和社交语用学，语用能力也相应地分为语用语言能力和社交语用能力。陈光伟（2002）认为，语用能力是在一定的场合恰当地运用语言进行交际的能力。当前，世界各国在教育发展战略中，都把如何培养学生的语言文字运用能力作为公民素质教育的重要组成部分，并将其摆在突出的位置。立足于21世纪人才需求，我国颁布了《国家中长期语言文字事业改革和发展规划纲要（2012—2020年）》和新的面向基础教育的《义务教育语文课程标准（2011年版）》，确定了更为全面的、面向交际应用的基础教育语言文字运用能力的基本内涵：基础教育阶段的语言文字运用能力包括语言技能、语言知识、情感态度、学习策略和文化意识的发展等多个方面，是在特定语境中准确使用和理解语言并最终获得完满交际效果的能力。（2）语言文字应用能力测评标准的构建及发展研究。发布于 2001 年的《欧洲语言共同参考框架》（CEFR）基于交际语言能力理论对英语使用者的语言能力进行了全面、分技能、分等级的"能做（can-do）"描述，为欧洲诊断语言测试系统（DIALANG）等测试项目的研发提供了评估框架。我国对外汉语教学界在 20 世纪 80 年代末研制了《汉语水平等级标准和等级大纲（试行)》，已经有了对外汉语语言水平的等级划分。国家语委在 2016 年又修订完成了《汉字应用水平等级及测试大纲》。但面向基础教育的标准仍待完善，《国家中长期语言文字事业改革和发展规划纲要（2012—2020 年)》的重点工作之一是"提升学生语言文字应用能力"，并提出要建立并完善学生语言文字应用能力评价标准，建议分级分类制定高校学生和中小学生语言文字应用能力评价标准和测评办法。（3）基础教育层面的语言文字应用能力测评标准的应用与研究。目前，随着语言文字应用能力内涵的发展，相应的评价体系也亟待更新。有专家呼吁实现语言能力从小学到大学的教学、学习与测评一体化的教学与测评（陈国华，2002；韩宝成，2006）。杨惠中、桂诗春（2007）分析了当前一些语言教学机构对语言能力的描述，指出现在的一些评价大纲或量表在考试分数体系及语言描述等方面存在经验性、任意性或主观性等问题。在语文教育方面，针对以往语文教学中盲目强调人文性的问题，提出培养学生理解和运用祖国语言文字的能力是语文学科区别于其他学科的特质（曹明海，2015）。除了要提倡重视语言文字应用能力，对于语言文字应用能力发展面临的新问题，也有学者给予了高度的关注。有的研究从利弊两方面分析新媒体对学生语言文字应用能力发展的影响，例如，Hatice Y.（2019）指出了新媒体素养水平和社交媒体使用状况对高中生互联网使用行为和语言表达的影响和引发的问题。有的研究倾向于研究新读写能力引起的学生语言文字应用能力结构的变化，例如，Ye. Ganicheva（2019）指出数字读写能力是现代教育和社会发展的关键因素之一，并介绍了学生的数字技能的结构。

3. 目标导向的写作教学理论和实践的研究

国外对于教学目标的研究与分析主要关注以下几个方面。（1）"教学目标"的概念界定方面。加涅主张教育目的是对教育结果的陈述，① 布卢姆认为教学目标是"期望学生通过教育过程后获得改变的方式的明确表达"，是"我们想要学生习得的东西作为我们的教学结果"。② 他们的观点虽然有不同的侧重点，但是都支持教学目标是对教育结果的预设的观点。（2）教育目标分类理论研究方面。在这方面影响最大的是加涅的学习结果分类和布卢姆的教育目标分类。加涅将学习结果分为态度、运动技能、言语信息、智慧技能和认知策略五种，为教师根据学习结果设计和表述学习条件提供依据。布卢姆教育目标分类理论被广泛地应用于教育教学中，他将教育目标分为认知领域、情感领域和动作技能领域三大领域，并根据学习活动的心理特点，明确了知识维度的四个类型（事实性知识、概念性知识、程序性知识和反省认知知识）。后来，安德森对布卢姆教育目标分类学进行了修订，从知识维度、认知过程维度和综合维度设计了新的分类学表，将认知过程维度更新为记忆、理解、运用、分析、评价和创造这六个层级水平，并且强调区分"无效学习""机械学习""意义学习"这三种学习结果。这些研究区分了教学目标设计所涉及的不同层面，考察了教学目标在知识维度和认知过程、认知水平维度的不同层次及分类，有利于为教师设计教学目标提供科学的视角。

国内对"知识分类与目标导向教学"理论的研究以大规模研究为主，兼顾了大型的研究组织的研究和个人研究：大到华东师范大学研究组和与

---

① ［美］R・M・加涅，L・J・布里格斯，W・W・韦杰. 教学设计原理［M］. 皮连生，庞维国等，译. 上海：华东师范大学出版社，1999.4.

② ［美］L・W・安德森. 学习、教学和评估的分类学——布卢姆教育目标分类学修订版（简缩本）［M］. 皮连生，主译. 上海：华东师范大学出版社，2008.3.

之相联系的学校机构等，小到当代教育改革家。例如，华东师范大学心理科学研究组通过对布卢姆的目标分类理论、班杜拉的社会学习理论、加涅的学习结果分类理论等一系列的教育理论的研究，总结出了"知识分类与目标导向教学"理论；魏书生老师等人在《魏书生中学语文教学改革实践研究》一书中提出的关于学习定向的教学方法，程翔老师倡导的课堂教学应首先明确目标的教学模式等。这些都反映了目标导向教学理论对我国中学教学实践的影响。随着研究的不断深入，研究成果也越来越丰富。当前研究重点应主要放在实际教学中，用理论指导实践，在语文学科中形成更加系统、专门的研究。关于写作教学目标的设计策略，相关研究以对语文课程标准的解读为主，如顾振彪对课程标准中有关写作的课程目标进行了进一步的解读，提出制定写作教学目标应关注感情、个性创意、联想和想象、语言能力和思维能力及良好写作习惯等；① 又如周立群认为，习作教学目标设计要注意以下几点：注重文体特点和写作方法、重视学生的情感、注意学生的写作速度。② 在教学目标制定中存在的问题的研究方面，刘义民基于案例及教学经验总结，发现教学目标制定中存在着"语文教学目标虚化""语文教学目标片面化"等问题；③ 黄福艳认为教学目标存在陈述笼统、模糊、偏向认知性等问题，导致了语文课堂教学的有效性缺失；④ 屠锦红认为教学目标设置存在三维目标使用的形式主义问题。⑤

　　国内对目标导向写作教学实践的研究也已取得了一定的成果。作文有

---

① 顾振彪. 关于新课标中作文教学目标的对话 [J]. 语文建设，2002（6）：9—11.
② 周立群. 小学高年级习作教学的要求与特点——对语文课程标准第三学段习作教学目标的认识 [J]. 课程·教材·教法，2009（4）：3—5.
③ 刘义民. 语文教学目标有效生成研究 [D]. 西南大学，2013：48—50.
④ 黄福艳. 语文课堂有效教学缺失的成因与对策 [J]. 教学与管理，2008（24）：61—62.
⑤ 屠锦红. 语文学科"有效教学"缺失的基本表征及评判标准 [J]. 教学月刊·中学版（教学参考），2010（7）：3—6.

效教学的教学目标制定，需要有科学的理论指导，皮连生《知识分类与目标导向教学》（2008）一书为科学地制定作文教学目标提供了理论指导。章熊的《中学生写作能力的目标定位》一文具体明确地分析了我国写作能力目标定位中的问题，主要包括写作能力表现不稳定、写作水平测定主观随意等；① 曹玉兰的《重建高中作文教学序列的探索》，② 王启东、关颖的《大中小学写作训练系统化设计初探》，③ 还有郑晓龙的《作文教学序列谈》④ 等文章都将矛头指向作文教学的无序，提出了各自的教学目标设定建议；董蓓菲将国外的作文教学按教学目标划分为"关注结果—关注过程—关注语境"这一发展历程，相对应的作文教学流派为文章写作、过程写作、交际语境写作，并且指出我国作文教学属于典型的文章写作教学流派，侧重传授写作知识。⑤ 针对这些问题，学者们纷纷献计献策。李书群在《目标导向的小学习作评价教学的行动研究》一文中提出进行有效的习作评价先要发现学生在习作中存在的不足，进而根据学生的特点来提高习作水平，以习作的教学目标为导向。⑥ 许斌等为了实施个性化教学提出了一种双层阶段式教学目标设定法。⑦ 黄敏的《目标导向教学法在高中信息技术教学中的实践研究》、潘祎文的《信息技术支持高中物理学科核心素养的目标导向式教学研究》、刘俊潋的《基于目标导向的初中英语阅读教学现状及对策研究——以重庆市某重点中学为例》等文章，从不同学科入

① 章熊．中学生写作能力的目标定位［J］．课程·教材·教法，2000（5）：33—35.
② 曹玉兰．重建高中作文教学序列的探索［J］．语文教学之友，2007（1）：30—34.
③ 王启东，关颖．大中小学写作训练系统化设计初探［J］．延边教育学院学报，2007（5）：89—91.
④ 郑晓龙．作文教学序列谈［J］．中学语文教学，2008（1）：28—30.
⑤ 董蓓菲．从知识传授到行为实践的视点转移——我国作文教学转型的理论依据与实施路径［J］．课程·教材·教法，2014（9）：56—61.
⑥ 李书群．目标导向的小学习作评价教学的行动研究［D］．赣南师范大学，2018.
⑦ 许斌，郭阳，亓晋．双层阶段式教学目标设定法［J］．高教学刊，2015（7）：28—29.

手，将教学目标作为教育目标与课堂教学联系的桥梁，强调了教学目标在整个教学过程中对学习、教学和评估的指导作用。此外，目前国内外的相关研究中也有的从实践经历出发，阐述各自的教学经验。例如，刘艳妮（2014）强调任务分析理论在作文有效教学中的运用，以期解决作文教学高耗低效的现象。王丽云（2018）提出要认真研读新课标、文本和教学用书，制定有效的教学目标，然后围绕目标设计有效的问题、学习方式和训练。

　　尽管国内外对有效教学以及作文有效教学的研究取得了丰富成果，但是以写作教学为研究对象，研究基于科学取向教学论的作文有效教学策略的成果相对较少。其中，由于从写作教学层面进行的有效教学实践开展时间短，基于科学取向教学论的有效教学研究薄弱等，现有研究成果仍然存在着过于宏观、缺乏有效的策略和方法等问题，写作教学需要在科学取向教学论的指导下完善目标确定、过程组织和教学评价的策略和模式。尽管有研究者如皮连生等提出了"从科学取向的教学论来进行有效教学的研究"的观点，但这些研究尚没有将科学取向教学论运用到作文有效教学的研究中，没有形成可操作的指标体系，也缺少实证研究。本课题的研究思路在上述研究成果中得到了很多启发，将采取从科学取向的教学论出发构建初中作文有效教学的策略。

二、目标导向的写作教学相关概念

（一）目标导向教学

　　目标导向教学理论是我国教育心理学工作者在吸收了 20 世纪教育心理学、教育学科学成果基础上，以学科教学和课堂教学为主要研究对象的新的教学理论成果。"目标导向教学是我国著名教育心理学家皮连生教授综合西方认知心理学的学习理论和教学理论而创立的。"① 它包括三个分理论和一套教学技术，其中，三个分理论包括智育目标论、知识分类学习论和知识分类教学论，教学技术以新教案规格为中心。

目标导向教学理论以布卢姆的教育目标分类理论、加涅的学习结果分类理论为指导，同时结合了教学设计原理以及当代认知心理学的最新成果。布卢姆的"教育目标理论"为该理论提供了重要的理论依据。它在实际教学过程中的开展也离不开建构主义的理论支持。建构主义源于关于儿童认知发展的理论，由著名心理学家皮亚杰于20世纪60年代提出，它是认知学习理论的一个分支。自20世纪60年代认知心理学崛起以来，许多认知心理学家对教育领域的一些核心问题（如智力、知识、技能和能力等）进行了卓有成效的研究，使其得到了全面的更新。还有美国著名心理学家加涅教授提出了著名的学习结果分类理论，奠定了知识分类的基础。

目标导向教学理论有三个方面的显著特点。第一，重视教学目标的导向作用。在一节作文课中，教学目标是起着导向与定位作用的，恰当的目标设置是一堂好课的开始。第二，重视任务分析的科学指导。首先是确定学习结果的类型，这是任务分析中非常重要的一步；其次是了解学生的现有学习水平；最后是分析在学生学习过程中起过渡作用的目标和目标之间的先后顺序，这样才能使教学更加科学化。第三，以教学目标为标准进行教学评价。

（二）目标导向的写作教学

写作教学有广义和狭义之分，广义的写作教学是指写作教与学的一切活动；狭义的写作教学是指以教师课堂指导、学生课堂学习和练习为主体，融教师课前设计、课后评价和学生课前准备、课后进行完善扩展式练

---

① 傅梅．"目标导向教学"在作文教学实践中的应用［D］．天津师范大学，2006.

习为一体的写作教与学的活动。目标导向的写作教学是针对写作教学按目标运行的一种教学方式，它致力于摆脱写作教学效率低的困难境地，以目标导向的教学理论为指导，希望给当下的写作教学以启示。

目标导向的写作教学应具有以下几方面的特征：

第一，分层级设定写作教学目标。教学目标是起着导向作用的，恰当的目标设置是一堂好课的开始。作为课程准备阶段的关键一步，教学目标的设计在考虑陈述性知识的基础上，还应考虑到写作的程序性知识，将写作策略运用到学生的写作过程中，注意写作规则的运用。作文教学还应该立足于学生所处的各个不同阶段，使教学目标序列分明、有梯度，处于一个系统的序列之中，避免教学内容的散乱和无效重复。

第二，进行任务分析和科学指导。作文教学任务具有层级性。在完成任务的过程中，应遵循目标导向教学理论，将教学目标分为不同的层级，层层递进的教学目标往往更容易被学生理解和接受。

三、目标导向的写作教学实践进展

在教育实践中，我国教育者早就提出"因材施教"等观点，并关注教育内容的次序、分量等。陶行知就曾在《中国师范教育建设论》一文中指出："人不同，则教的东西、教的方法、教的分量、教的次序都跟着不同了。"[①] 随着对教育科学化的认识的不断加深，在作文教学的体系和阶段上不断探索，不同的理论体系出现了。

1978 年改革开放以后，在"实践是检验真理的唯一标准"思想的指导下，以及在国内外各种不同流派的教育理论的影响下，我国的写作教学一时流派纷呈，对作文教学的程序的探索也取得了重要突破。程少堂曾总结

---

① 陶行知. 陶行知全集［M］. 长沙：湖南教育出版社，1986. 91.

了 20 世纪八九十年代的写作教学改革实践，将写作教学的流派归纳为四大派。[①]（1）重视"模仿"的写作教学流派，如钱梦龙以"文体中心论"为指导创造的"模仿—创造"的作文训练体系，还有杨初春的"五步四法两课型"快速作文训练体系。（2）重视"思维"的写作教学流派，代表人物及其作品有常青提出的"作文分格训练教学法"、刘胐胐和高原提出的"观察—分析—表达"三级训练体系、章熊提出并实验的"语言与思维结合"的作文训练模式等。（3）重视"过程"的写作教学流派，例如，以北京景山学校周蕴玉和上海于漪为代表的"文体为纬–过程为经"训练模式，20 世纪 80 年代的中央教科所的实验教材《作文》（1—6 册）中涉及的"文体、过程双轨训练"模式，以及扬州师范学院 80 年代编的《中学作文教学设计》所设计的"三线并行"写作训练体系。（4）重视"兴趣"的作文教学流派，代表性的作文教学法包括 20 世纪 90 年代中央教科所提出的"兴趣作文"教学法，还有李白坚提出的"活动作文"教学法等。

但是，从供材料作文、话题作文等写作命题方式兴盛以来，作文教学又失去了它的秩序。许多教师以考试为指挥棒，从初中就开始让学生练习写作供材料作文或话题作文，从文章的结构技巧、写作技巧等方面下手，试图让学生学会几种模式或者几种方式，以应对考试中遇到的各种作文题目。由此引发学生盲目模仿各种"优秀作文"，大量出现"假大空"等问题，写作教学被考场作文指导代替。在应试压力的助推下，作文教学的"无序"和"虚假"问题愈演愈烈。21 世纪初开始的新课程改革试图梳理作文教学的程序，对于义务教育阶段的写作次数、学段要求做了较为具体的说明，但是，由于对"有个性""有创意"地进行表达强调较多，实现起来不好操作，所以作文教学依然有较大的随意性。对于当前写作教学，

---

① 程少堂．流派纷呈：作文教学改革 30 年［J］．教育理论与实践，2008（15）：10—11．

依然有很多问题有待解决。例如，作文训练方式较为单一，大作文一统天下，片段作文较少，写作训练的形式不够灵活；在作文的命题方式或要求上，高中的几乎都是话题作文，初中的几乎都是记叙文，训练内容较为单一；在批改方面，一般都是教师批改，学生之间的相互批改或独自批改流于形式，作文的修改和反馈不到位。① 对此，许多专家表达了自己的担忧并积极探索对策。朱绍禹曾指出："研究作文教学程序，是扭转作文教学随意性、无序化状态，建立科学合理的作文训练体系的必然要求，可使作文教学走上科学化、合理化的道路。……作文训练必须纳入系统、有序、科学的轨道。"② 靳健也指出："写作教学应该综合写作目标、写作体裁、写作方法、写作活动、评价方式等要素，建构一个由浅入深、有量化规定又有质量要求的练习计划，改变传统写作教学的无序状态，有效地提高学生的写作能力。"③

由此可见，构建目标导向的写作教学体系，分析写作教学的目标层级和梯度，明确写作训练的层级目标及相应的评价标准，有助于写作教学的科学化、规范化，也有助于解决写作教学中的无序、低效等问题。它要求语文课程体系从课程标准到教材编写都有目标定位意识，制定好写作教学序列目标，并提供相应的课程内容推动写作教学的有序展开。对教师来说，要在理解课程标准及教材体系的基础上，根据学生的实际情况，合理地进行调整，并循序渐进地开展写作教学及相关训练。科学取向教学论为作文教学的有序开展提供了理论指导，在此理论下分析目标导向的写作教

① 崔海珍 . 高中作文现状呼唤科学的作文教学序列［J］. 中学语文，2009（15）：72—73.

② 朱绍禹 . 中学语文课程与教学论［M］. 长春：东北师范大学出版社，2006. 175—176.

③ 靳健 . 后现代文化视界的语文课程与教学论［M］. 兰州：甘肃教育出版社 . 2006. 184.

学的目标梯度、教学实施策略和评价方法等对推动写作教学的发展有积极作用。

目标导向教学法提出以来，取得了一定的成效。但适用范围仍然不够大，所以扩大目标导向教学法的适用范围是非常重要的任务。而落实到现实中，就是将目标导向教学法渗入到基础课堂中，通过对写作教学的实践研究来丰富教学经验。经过前面的分析可以基本确定的结论是：目标导向教学理论在写作教学中的作用是不容忽视的，它带领写作教学向前发展；目标导向教学理论在设计教学目标、进行教学过程、写作教学评价方面都能起到有效的指导作用，从而使写作教学实现系统化与科学化。

第二章

不同文体的写作教学目标梯度及系统化设计

　　教材中的写作系统是教师教写作和学生学写作的主要基础，教材写作目标的编写对教师合理安排和设定写作教学目标具有指导意义。统编本初中语文写作目标教材是教师教和学生学的重要依据。没有教材为依托，教师将很难进行教学，学生也无从学起。同理，教材中的写作系统，是教师进行写作教学和学生学习写作的主要依据。教材写作目标的编写对教师合理进行概析，并探讨该教材写作目标具有梯度性的理论依据及实践意义。

　　现行语文教材是教育部编制的义务教育语文教材，自 2016 年开始使用，此后的几年时间里逐渐代替了其他版本的语文教材，成为全国广泛使用的教材。与之前的一系列语文教材相比，统编本初中语文教材在写作系统方面做了很大的调整，写作目标有了新的要求，对教师根据教材的写作目标合理安排写作教学课程具有深远意义。由于新教材投入使用时间较短，对于写作模块的探究存在显而易见的滞后性，目前对统编本初中语文教材写作系统的研究主要集中在统编本与其他版本语文教材中的写作目标做对比的研究上。例如，汪雅婧《"部编本"初中语文教材编写特色及启示——以人教社 2016 年版语文（七年级上）为例》（2017）一文在写作模块的相关部分指出统编本写作主题安排是循序渐进的;① 管组明的《语文课堂 写作教学——统编版和人教版初中语文教材写作比较教学》（2019）指出统编版语文教材写作专题设置更具有序列性。这一系列的研究指出了新教材写作系统编写的进步之处。② 还有一些研究是针对语文教材写作系统的研究，如王家伦、陈宇的《部编本初中语文教材四大系统的显著进步》（2017）指出统编本初中语文教材注重训练，训练系统有一定的特色，主要体现在对读写能力的训练方面，以阅读配合写作，以写作巩固阅读;③ 胡云、李黛岚的《部编本初中语文教材练习系统研究——以七年级下册为例》（2019）指出新教材有针对性地教学生写作方法，写作主题安排循序渐进。④ 以上针对统编本写作目标编写的研究大都是从整体上来看的，很少有对统编本初中语文写作目标的具体分析，对统编本初中语文教材写作目标的探究尚存在很大的挖掘空间。而针对写作教学策略的研究，如栾娟的《基于初中语文教材的作文教学策略研究》（2014）基于人教版语文教材，对初中写作教学现状进行探究并拟定了一系列的教学策略;⑤ 徐蕊蕊的《初中语文作文教学困境及对策分析》（2017）采用的研究方式是教学反思研究，通过反思教学实践中存在的问题，提出相应的解决策略。⑥ 从以上相关研究来说，对在统编本语文教材使用背景下，写作教学出现的问题以及如何改善写作教学策略的研究尚不充分，很少有根据统编本语文写

---

① 汪雅婧.“部编本”初中语文教材编写特色及启示——以人教社 2016 年版语文（七年级上）为例 [D].湖南师范大学，2017.

② 管祖明.语文课堂 写作教学——统编版和人教版初中语文教材写作比较教学 [J].名师在线，2019（6）：3.

③ 王家伦，陈宇.部编本初中语文教材四大系统的显著进步 [J] 福建基础教育研究，2017（8）：2.

④ 胡云，李黛岚.部编本初中语文教材练习系统研究——以七年级下册为例 [J].文教资料，2019（1）：5.

⑤ 栾娟.基于初中语文教材的作文教学策略研究 [D].华中师范大学，2014.

⑥ 徐蕊蕊.初中语文作文教学困境及对策分析 [J].读与写杂志，2017（12）：4.

作目标编写梯度提出相应的教学策略。因此，本次探究试图面向初中阶段，结合目前初中教师对统编本语文教材的使用情况，根据对统编本初中语文写作目标编写梯度的探讨分析，为教师合理利用语文教材写作系统提出适当的教学策略，以提高学生的写作能力。

统编本初中语文教材全六册共 36 个单元，总体的模块设置可分为五大模块，分别是阅读、写作、综合性学习、名著导读、口语交际。写作系统的编写并不仅仅独立呈现在写作这一模块中，也贯穿于其他各大模块之中。统编本初中语文教材每册 6 个单元，每个单元设有六大写作专题，写作专题的内容如表 2 - 1 所示。

表 2 - 1 统编本初中语文教材各单元主要写作任务表

册次＼单元	第一单元	第二单元	第三单元	第四单元	第五单元	第六单元
七上	热爱生活，热爱写作	学会记事	写人要抓住特点	思路要清晰	如何突出中心	发挥联想和想象
七下	写出人物的精神	学习抒情	抓住细节	怎样选材	文从字顺	语言简明
八上	活动·探究（新闻）	学写传记	学习描写景物	语言要连贯	说明事物要抓住特征	表达要得体
八下	学习仿写	说明的顺序	学写观后感	活动·探究（演讲）	学写游记	学写故事
九上	活动·探究（诗歌）	观点要明确	议论要言之有据	学习缩写	论证要合理	学习改写
九下	学习扩写	审题立意	布局谋篇	修改润色	活动·探究（戏剧）	有创意地表达

写作专题的设置最能体现出统编本初中语文教材写作目标的编写梯

度，比较完整系统地训练学生的写作能力。由专题设置的具体内容分析可以看出，统编本语文教材写作模块主要以记叙文、说明文、议论文等相关知识来进行设置，重视培养提高学生对记叙文、说明文、议论文的写作能力。

七年级写作训练以叙事为主，写作目标以基本写作能力训练为主，旨在培养学生的写作兴趣和良好的写作习惯；八年级侧重说明文的写作训练；九年级注重专业写作的实践训练、议论文写作的训练目标、学生写作能力的提高。以统编本语文教材七年级上册为例，针对七年级学生刚刚步入求学的一个崭新阶段——初中学段，对初中生活充满了好奇的特点，第一单元的写作目标便是激发学生的写作兴趣，将写作主题定为"热爱生活，热爱写作"。俗话说，兴趣是最好的老师，只有培养学生的写作兴趣，才能激发学生对于写作的求知欲和创作力，为以后更好地开展写作教学打下基础。之后单元的写作训练要求学生学会记事，写人要抓住特点，突出文章的中心，训练学生的语言表达能力；紧接着侧重训练学生的写作思路，让学生发挥想象进行创作，促进学生的思维发展。从写作内容上来看，此编排的目的在于鼓励学生加深对自己生活体验的印象、表达自己的所见所闻、用文字描述生活中的事件和物件，然后引导学生如何将一件事情的前因后果叙述完整，在叙述完整的基础上增加一些细节描写，实现写作要求。统编本初中语文教材写作目标明确，具有逻辑关系，训练要求从简单到复杂、从低到高螺旋式上升，能有效提高学生的叙事写作水平。

统编本初中语文教材的写作专题在注重记叙文、说明文、议论文训练的同时也兼顾应用文体的相关训练，这在四个"活动·探究"的写作专题的安排上有所体现。在八年级上册第一单元中设置"新闻写作"的训练、八年级下册第四单元中设置"撰写演讲稿"的训练、九年级上册第一单元中设置"诗歌"等体裁的写作训练以及九年级下册第五单元中设置"戏曲观后感"的写作训练，总体上是以学生的认知心理发展特点来安排的。

一、记叙文写作教学目标梯度及系统化设计

（一）记叙文写作教学目标梯度分析

表 2-2　统编本语文教材中记叙文写作教学内容编排分析表

项目 册次	单元主题	主要教学目标	相关篇目
七上	第一单元 热爱生活，热爱写作	1. 写作范围广，可以写人，记事，也可以描摹万物，抒发感情，表明观点。 2. 明确写作与生活的关系，在平凡的生活中捕捉素材，积累素材，激发写作兴趣，乐于写作，抒发自己的感受和体验。 3. 掌握一定的写作技巧，养成热爱生活、热爱写作的生活态度。	《春》《济南的秋天》《雨的四季》《古代诗歌四首》
	第二单元 学会记事	1. 以记事为主，注意记叙的六个要素，即时间、地点、人物，事件起因、经过、结果，要将事情的经过写得清楚、完整。 2. 注意详略得当，把握重要情节，按照一定的顺序进行描写。 3. 要描写自己的真情实感，传递情感、分享经验；同时要学习使用一些能够贴切表达情感的词语或句子。	《秋天的怀念》《散步》《散文诗二首》《〈世说新语〉二则》
	第三单元 写人要抓住特点	1. 学会细心观察，抓住人物的特点。 2. 运用细节描写，突出人物特点。 3. 结合具体事例，表现人物特征。	《从百草园到三味书屋》《再塑生命的人》《〈论语〉十二章》

续表

项目册次	单元主题	主要教学目标	相关篇目
七下	第一单元写出人物的精神	1. 学会运用典型细节来表现人物的精神风貌，通过外在特点、人物内心来反映人物的个性和精神品质。 2. 尝试观察人物特点，综合运用"写出人物精神"的方法，把人物精神塑造得真切丰满。	《邓稼先》《说和做——记闻一多先生言行片段》《回忆鲁迅先生》《孙权劝学》
	第三单元抓住细节	1. 掌握细节描写的作用，学会运用细节描写的角度和手法。 2. 学会运用具体的方法进行细节描写，展现人物的个性特征，抒发内心情感。	《阿长与〈山海经〉》《老王》《台阶》《卖油翁》
八上	第二单元学写传记	1. 传记必须是真实的，在行文记叙或叙述的过程中要真实可信。 2. 要具体表现出人物的言行。 3. 语言生动有趣，做到内容全面、充实而又重点突出。	《〈孟子〉两章》《愚公移山》《周亚夫军细柳》《诗词五首》
	第三单元学习描写景物	1. 掌握基本的描写景物的方法，有序地观察景物。 2. 抓住景物的特征，借助多种手法，多角度描写景物。 3. 体会情景交融的魅力，尝试在描写景物的时候恰当地融入情感，使景物鲜活起来。	《三峡》《短文两篇》《与朱元思书》《唐诗五首》
八下	第五单元学写游记	1. 合理安排写作顺序，使文章有层次、有条理。 2. 从多角度观察生活，抓住景物或游览场所的特点来写，突出重点，详略得当。 3. 在记叙、描写的基础上，适当运用抒情手法来表达自己的感情。	《壶口瀑布》《在长江源头各拉丹东》《登勃朗峰》《一滴水经过丽江》
	第六单元学写故事	1. 将故事叙述完整，并通过故事刻画人物特点。 2. 发挥联想与想象，丰富故事情节，写出情节波澜，增加故事的吸引力。	《〈庄子〉二则》《〈礼记〉二则》《马说》《唐诗两首》

续表

项目 册次	单元主题	主要教学目标	相关篇目
九上	第四单元 学习缩写	缩写叙事性文章，要保留原文中的主要人物和主要情节，删减不影响中心情节。	《故乡》《我的叔叔于勒》《孤独之旅》
	第六单元 学习改写	要注意简化情节、缩减场面，突出主要人物；注意行文协调。	《智取生辰纲》《刘姥姥进大观园》
九下	第六单元 有创意地 表达	1. 选材新颖，描写自己经历的那些富有个性特征的东西。 2. 角度新颖。通过新颖的角度，让文章表达出新意。	《曹刿论战》

从纵向来观察，记叙文写作教学目标是呈螺旋式上升的，不论是从内容，还是手法，教学目标不断扩宽，对于学生的要求也逐渐提高。

1. 七年级——奠基阶段

第一阶段，课本要以叙事为主。七年级上册第一篇作文"热爱生活，热爱写作"，切实符合课标关于写作教学的目标，培养学生叙写真实的生活经历，多角度观察生活、感悟生活，表达对生活的理解和看法的能力；同时，作为初中的第一篇作文，其并没有对学生提出具体的写作要求，只是潜移默化地引导学生进行自主写作。第二篇习作开始进行关于学生叙事方面的练习。"学会记事"要求学生熟悉记事六要素，对于记事记叙文提出基本要求；"如何突出中心"要求学生树立中心意识，提高思想水平，有明确的表达目的，从平凡的小事中感悟道理；"抓住细节"则对于文章的丰富程度提出要求，使用适当的方法，使文章内容丰富，中心突出。通过这一系列的训练，学生应当写出叙事具体、中心明确、内容丰富的记事记叙文。第二阶段，课本在叙事基础上提出了更进一步的要求，"写人要抓住特点""写出人物的精神",通过对人物外貌描写、动作描写、神态描写、心理描写等一系列细节描写的介绍,将叙事变得生动,文章也产生栩栩如生的表达效果。因此,七年级主要是通过一项又一项具体的要求帮助学生学会叙事、写好记叙文,提高学生的基础写作能力。

2. 八年级——巩固阶段

八年级对学生提出了更高要求,在原有基础上,要求学生灵活地运用写作的技能与技巧,提高作文质量。"学写传记""学写游记"旨在加强学生读的思维训练,引导学生从多角度思考问题,提高学生的多重思维能力,使学生能够综合运用多种写作技巧进行写作,写出叙事具体生动、主题鲜明的记叙文。同时,八年级对于场景描写也提出了新要求,"学习描写景物"要求学生掌握基本的描写景物的方法,有序地观察景物;抓住景物的特征,借助多种手法,多角度描写景物。

3. 九年级——创新阶段

对于九年级学生来说,写好一篇作文并不难。因此,在作文实践中要注重学生创新思维的表达,激发学生的创新思维,挖掘学生的创新潜能。"有创意地表达"要求学生选材新颖,描写自己经历的那些富有个性特征的东西;做到角度新颖,让文章表达出新意。

(二) 记叙文写作教学的要点

记叙文写作教学是初中阶段的语文教学难点问题,新课程标准要求记叙文的写作要做到内容具体,多角度观察生活,发现生活的丰富多彩,感情真挚,力求表达自己对自然、社会、人生的独特感受和真切体验,捕捉事物特征,有创意地表达。对记叙文的学习贯穿整个初中学段,教学目标大致包括以下几点:掌握记叙文写作技巧和特点,了解记叙文的结构,多方面、多角度解读课文,拓展文章中关于描写人物、叙述事件的有关内容,培养学生创造性阅读记叙文并进行自我创作的能力。

记叙文教学目标制定要考虑两个方面，一是从学生角度出发，二是从教学角度出发。教学的最终目的是让学生获得最大的发展，而教学目标制定得是否合适将直接影响到学生发展的程度。从学生角度来说，首先，要关注知识与技能目标，学会观察的方法，能分析总结出文章的写作方法并尝试运用这些方法进行写作；初步掌握修改作文的方法并运用这样的方法修改自己的作文；能够描写自己的心理活动，注意人物的语言情感，在作文时设置恰当的详略之处和重点，编写条理清晰、详略得当的作文。其次，在过程与方法目标方面，要注重在设计教学中训练学生用语言、文字表达自己的经历和感受，增加学生的直观体验的机会、扩展想象的空间，培养、提高学生的体验能力、想象能力、表达能力。还要注意引导学生观察人物动作、神态，揣摩人物心理，学会表达自己内心的真实想法，在活动中注意观察人物的外貌特征、动作特点。在情感与态度方面，要注意克服学生作文的畏难情绪，激发学生作文的兴趣，培养学生学习表达自己的情感、个性、风格和内心思想的能力，激发学生的表达欲望，并进行个性化的表达方法的深度练习，使学生能够初步养成修改作文的习惯，并乐于修改自己的作文。

教师只有把新课程标准中规定的知识与能力、过程与方法、情感态度与价值观的三维目标有机结合起来，才能真正体现三维目标的统一。例如，在《说和做——记闻一多先生言行片段》中，闻一多先生钻研学问时的专注认真、锲而不舍的精神就是通过他头发凌乱、书桌上的"众物腾怨"等词来表现的。再如《回忆鲁迅先生（节选）》一文通过对鲁迅日常生活的一些琐事的细腻描述，展现了一个传奇人物的平凡生活，让人看到了更富人情味儿、更加真实的鲁迅先生。从这些语句入手，能够引导学生展开联想，领悟伟大人物的精神。由此可见，字词和文章句子的教学，不仅能让学生掌握最基本的知识和能力，还能进一步升华学生的价值情感，实现教学的三维目标。

　　新课标的各项目标是相互渗透、相互交融的有机整体，过程与方法是情感态度与价值观和知识与能力的桥梁和纽带，是学生获取知识与技能，以及形成正确的情感态度与价值观的主渠道。记叙文写作过程，往往是首先根据题目进行具体真实的材料搜集与整理，最后依写作题目抒发情感进行升华。与人的活动有关的行为、事件、内涵、气质等都是我们写作的素材。在了解记叙文的写作特点后，即可依照记叙文的类别，进行记叙文的写作教学。

　　中学生作文不能脱离生活，对待记叙文更是如此。观察生活是记叙文写作的前提，只有全面、细致、认真地观察生活，才能从生活中获取写作素材。要指导学生学会观察，生活是创作的源泉，记叙文的写作更来源于生活。初中学生天真活泼，好奇心强，乐于参加活动，进入中学新环境是很想了解同学和老师的。教师要抓住他们这一心理特点进行指导。可以任选一位教师作为观察对象，观察内容是年龄性别、身高体重、脸型肤色发型、衣着打扮、表情（特别是眼神），以及老师上课时的语言和动作。学生要想写作细致就必须对周围的人或事进行深入的了解，因为只有面对熟悉的人和事自己才能了解透彻、认识深刻、感受深切，在写作时能精准把握写作对象的个性特征，写得真实自然、生动形象，具有感人的力量。例如在写人物时，写人物说了什么、做了什么，写人物怎么说、怎么做的，让学生自我表演，深入理解体会。

　　对于初学写作的初中生来说，基本的写作知识和有步骤地进行写作训练是必要的，这可以帮助他们提高写作水平，使他们少走弯路。对于记叙文写作选用材料要紧扣主题选材典型的要求，可根据标题酌情安排，写整体要力求点面结合，写个人要选一件典型事例或者一个人2~3个生活片段进行精写、细写。对于记叙文的结构，要注意开头与结尾，通常有"凤头""猪肚""豹尾"之说,文章的开头应给人以美感,紧扣标题主题;"编筐编篓,重在收口",结尾力求自然简练,耐人寻味,给人启迪。记叙文的表达方式以记叙和描写为主,要坚决杜绝照抄照搬作文选的做法,初学者可以仿写,但必须弄清楚作文选中的作文在立意、选材、结构、语言等诸方面的优点;也可以参考作文的表达技巧,但必须经过改造,使之为我所用。很多时候,记事也是为了传达情感、分享体验,写清楚是记事的基本要求,一般要写出事情的起因、经过、结果。其中,事情的经过是连续的,主要内容要重点写、详细写,要厘清事情的来龙去脉,再按照一定的顺序有条理地写。

要学会写得有感情,这是更高的要求。而写得有感情的关键是要写自身经历的、有真切感受的事情以及发自内心的话语。例如,史铁生在《秋天的怀念》里回忆了几件与母亲有关的事,这都是作者的亲身经历,字里行间渗透着对母亲的挚爱与怀念,以及对自己少不更事的追悔。所以我们在写作记叙文的时候要写真实的事,忠于自己的感受,切忌无病呻吟。而在进行教学设计的时候,要重点关注学生的写作顺序,帮助学生锤炼语言、突出重点,学习使用一些能够贴切表达情感的词语或句子,抓住一些感人的细节。

(三)记叙文写作教学设计案例分析

1. "热爱生活,热爱写作"导学案

(1)教师结合现实环境,进行导入。以开学之际初秋时节为切入点,引导学生对于新学期印象深刻的见闻、感受进行交流。

(2)见闻、感受和想法可能很多,教师要引导学生围绕自己感受最深的某一点来写,并及时举例,如:新的校园,新的环境;我是中学生了,感受真棒;我的新同桌真幽默。

(3)通过范文《我的新同桌》过渡到成长话题,并向学生提问:"在你成长的过程中，有什么经历让你深受触动，难以忘怀?"最后师生共同进行展示交流，写作实践。

［点评］

（1）通过五个环节，帮助学生了解写作含义，培养学生热爱写作的意识。

（2）指导作文层次清晰、由易到难，遵循学生的认识规律。

2. "如何突出中心"教案

（1）教师综合运用赏析法、启发法、分层修改法对学生进行综合授课，帮助学生学会在写作中运用自己最得心应手的方式方法突出中心。

（2）要求学生默读《如何突出中心》并思考：什么是中心? 中心有什么作用?

（3）通过回顾本单元各篇课文加强学生对于文章中心的认识，同时加强思考练习，引导学生对文段的中心进行概括。

（4）小试牛刀，尝试写作。引导学生运用适当的方式方法，突出写作的中心，最后进行写作展示，并由老师进行总结提升。

［点评］

（1）教学过程条理清晰，培养学生学会倾听、学会阅读、学会写作，养成突出中心的好习惯。

（2）综合教学方法，及时对应练习，引导学生更好地突出中心;师生共评，及时汇总修改意见，教学过程完整，学生收获丰富。

（3）教师在要求学生习作之后，再次进行写作方法的介绍，重复赘余，占用课堂过多时间。

3. "写出人物的精神"优质课案例（来源于山东省临沂市智慧教育云平台）

（1）使用学生熟悉的猪八戒形象导入新课，直接向学生提出问题"看到猪八戒，你马上会想到关于他的哪些事？这些事件又表现了他的什么特点？"激发学生质疑的兴趣。

（2）向学生介绍外貌描写、语言描写、动作描写等，突出强调通过对人物外在特点的描写，展现人物内心，表现人物的个性与精神品质。

（3）教师进行经典回顾，以《说和做——记闻一多先生言行片段》为例，向学生传达可以抓住典型事例来表现人物的精神风貌；以《邓稼先》中的对比手法帮助学生学会借助一些写作手法来加以突出、强调。

（4）小试牛刀，向学生布置作业，以《我的朋友》为题，写一个200字左右的片段。师生共同评析，并由教师进行课堂小结，完成授课。

［点评］

（1）课堂重难点是从《邓稼先》《说和做——记闻一多先生言行片段》等单元课文中受到启发和教育，把写出人物精神的方式方法作为主要手段，贯穿在教学的始终。

（2）小试牛刀，及时给学生提示，提出具体要求，要求学生在描写和叙述中展现人物的性格品质。

4. "写人的记叙文"写作教学设计案例

（1）活动一

让学生利用他们的想象力合理地扩展句子，并添加动作，以丰富该句子的内容。学生例句如下：

＊＊她责骂他："你是个怂包。"（添加语言）

＊＊＊她指着他的鼻子，骂道："你是个怂包。"（加动作）

＊＊＊＊她已经因为愤怒而颤抖，脸色苍白，眼睛瞪着，用手指指着他的鼻子说："你是个怂包。"

（2）活动二

让学生们在一起玩游戏，游戏名是"猜猜他是谁"，例如，描述说他个子不高，留着黑色的头发，两只明亮的眼睛，鼻子高高的，张着嘴，穿着干净整洁的衣服。接着提问：同学们猜得出来吗？为什么？

（3）活动三

以《你知道吗，他是我的＿＿＿＿》为题，选择一位家长、班上的老师、班上的同学等作为描述对象进行肖像描写，要超过 500 个字。

在写作中，可以通过掌握外观特征，使用肖像描述来表达人物和人物形象。例如：

通过对肖像的描述来表述一个人的善良。

通过对肖像的描述来表述一个人的阳刚。

通过对肖像的描述来表述一个人的狡诈。

通过对肖像的描述来表述一个人的慈爱。

［点评］

活动一，通过合理想象，学生们描写出了一个个鲜活的人物，也展示了细节描写对塑造人物的重要价值。活动二，运用游戏的方式，让学生了解如何抓取特征描写人物的外貌，寓教于乐。活动三，肖像描写的具体操练，要求明确，有助于学生紧扣此次教学要点、目标来进行写作练习。上述案例中的活动设计，可以帮助学生更深入地了解写人的要点。

（四）游记写作教学的目标梯度及教学实施

记叙文包括的范围很广，日记、游记、人物传记、传说等都属于记叙文。对于中学生而言，游记是习文练笔的好形式。游记具有独特的文体特征，也具有较强的文学价值、审美价值和思想价值。游记不仅可以有很高的文学价值，如杨炫之的《洛阳伽蓝记》、陆游的《入蜀记》、范成大的《吴船录》、徐弘祖的《徐霞客游记》；还可以具有历史上永恒的价值，如法显的《佛国记》、玄奘的《大唐西域记》等。游记是文学宝库中占有重要分量的瑰宝。有学者指出，"游记习作，是医治文思枯窘病的一贴最好良方，是攀登文章高峰的一道最佳捷径"，"游记习作，在许多种类的习作中，是最受学生爱好的写作"。① 但是，作文教学"无序"一直是困扰语文作文教学的难题，游记的写作教学也存在这一问题。写作教学中，游记常笼统地包含在记叙文的写景、叙事的写作训练中，而较少有独立的教学指导；即便是独立的游记写作，也常出现教学目标不清、任务序列不明等问题。目标导向的教学理论为解决写作教学目标的无序、低效等问题提供了解决路径。

1. 游记写作对中学生发展的意义

初中阶段作为学生学习一个非常重要的过渡阶段，是学生形成良好的语文学习能力的关键时期。语文教学主要培养学生的六种能力，分别是口头表达能力、书写能力、解题能力、审美能力、创造能力和写作能力。写作教学作为语文教学的重中之重，也是语文教育一直关注的热点话题。然而初中写作教学集中在记叙文、议论文等文体上，游记写作的教学比较匮乏。在经济文化快速发展的今天，旅游业也随着人们精神需求的增长而蓬勃发展，越来越多的人分享自己的旅游经历和感想。但目前的初中写作教学对游记写作还不够重视，在语文教材的写作教学中，统编本教材体现了一定的游记写作教学内容，但所占比例十分有限，效果甚微。且关于统编本初中语文游记写作教学的研究少之又少。教师的教学缺乏理论支持，学生的写作能力也有待提高。因此，在当今教学改革的大背景下，游记写作应该在中学写作中占据重要的地位。我们将以游记写作教学为切入点，调查分析当下统编版中学语文教材游记写作教学的现状，结合相关文献，归纳存在的问题并提出优化策略，帮助教师和学生更好地适应新课改环境，更好地利用统编本教材进行语文教学，充分发挥语文的工具性。

---

① 江树峰. 关于游记习作［J］. 写作与阅读，1937，1（5）：3—17.

（1）游记写作的实用性与趣味性融为一体的写作需求

随着旅游成为人们娱乐生活中必不可少的一种休闲娱乐方式，游记写作对于中学生的发展越来越重要，成为现代写作的重要内容。新时代的游记发展主要体现在电视、电脑等多媒体载体上，电视开设了专门的旅游频道，报纸杂志有专门的旅游专栏，就连车里的广播里也常常播放旅游节目。

最早我们在电视中看到的旅游文化，是背包客、探险家们出现在电视节目上，媒体对他们的旅游足迹进行跟踪采访，讲述他们的故事。电视机前的观众跟着电视节目和节目里的人一起领略世界的大好山河以及人类文明。如贝尔的代表节目《荒野求生》，这是一个冒险类节目，贝尔是一个演说家、冒险家更是一个作家。在贝尔的带领下，这档节目带着观众一起感受了戈壁沙漠的荒凉、湖泊草原的美景、山川高原的风貌、森林峭壁的惊险、沼泽的恐怖。在贝尔的讲解中，我们仿佛身临其境，和贝尔一起沉浸到紧张又刺激的旅行中去。《跟着贝尔去冒险》是亚洲著名的旅行真人秀节目，由经验丰富的冒险家带领国内知名的明星一起去冒险，为观众描述了一个个地方的壮阔景观和风土人情。还有很多的综艺节目如今都热衷于旅行的主题，如韩国的环球旅游电视节目《旅行者》，在第一季节目中，节目里一行三人去了充满历史痕迹的古巴，了解古巴的历史革命和感受古巴的人文气息。在艺人的旁白和电视画面中，有意外也有美景，观众沉溺在美景中，也在各种旅行的事故中啼笑皆非。最近播出的《旅行者2》去了热情洋溢的阿根廷，随处可见的热辣舞蹈和热情的当地人，向观众展示了在不同的国家，人们不同的人文风情。中国也有与之类似的真人旅行节目，但节目比较偏向明星生活，在这里不做赘述。由于明星的参加，使得这一形式的游记写作形式受到大多数中学生的喜爱，学生更多地去关注的是明星的行为，但是对节目中展现的旅游文化或多或少有一定的了解。

　　早期的游记写作形式还体现在杂志报纸上，许多报刊都设置有旅行专栏，更有专门的旅行杂志，早在 1927 年旅游业之父陈光甫就已经认识到了旅游业对社会经济生活的重要作用，他一手创办了中国旅行社和《旅行杂志》，以提倡旅游、服务旅游为宗旨，刊稿多为介绍风景名胜、民俗风情的游记、随笔、诗词、图片等，1955 年更名为《旅行家》继续出版。杂志出版了《崂山杂诗》《常熟道即景》《东湖西湖南湖和北海》《十载游踪》等精彩文章，作者更是来自各路的名家，如台柱子张恨水、胡愈之、赵景深等著名作家。专业旅行网站"旅游天地"发行了杂志《旅游天地》，这是中国创刊最早、面向全国发行的专业旅游杂志，后来，随着时代的发展，衍生出了更多的旅游类杂志，如《中国旅游》《时尚旅游》《中国国家旅游》等著名的期刊。杂志这种形式的游记写作方式，图文并茂，非常适合低年级的中学生阅读，学生在大篇幅的图片和通俗易懂的文字介绍中，比较容易产生兴趣，进而在杂志中了解游记的写作方法，并学习描写景物的方法。

　　随着电脑的普及，互联网开始进入人们的生活，网上开始出现了大量的旅游文学。游记最早出现在互联网上，是人们在博客中分享自己在旅途中的所见所闻、所思所想。除了博客，还有线下的杂志，都会有游记的分享，这类文章往往附带着人们拍的美丽的风景照，使读者在图文并茂的文章中身临其境，从而对某个地方产生向往之情。后来随着互联网的发展，微博在年轻人群体中慢慢普及，还有一些短视频 App。现在人们喜欢拍视频来记录自己的日常生活，其中许多视频也是关于人们的旅游的经历。微信上的公众号也是受众群体庞大的自媒体，在微信上有大量关于旅行游记文章的公众号，公众号推送值得去的景点或是自然景观，将景点的亮点、特色展示给读者，使读者产生向往之情。当代多种多样的媒体手段不同程度体现了旅游在人们生活中的重要性，不论时代怎么发展，人们都会通过自己喜欢的方式将自己的游览经历记录下来，或是视频，或是照片，又或是文章，但无论是什么形式都包含了人们的所思所感。通过网络、电视、报纸、杂志，中学生可以接触到很多游记、关于自然或人文景观的视频。这些视频一般带有旁白介绍，很多奇观异景的爱好者在短视频中都能得到对景区一定的了解。中学生也会收藏自己喜欢的公众号，其中的公众号也推荐各地的美好风光，很多优质的公众号运营者的文笔，会使学生在阅读中得到不少的收获。

徐迟说："游记，这实在是一种了不起的文体。"① 首先，游记写作的学习对学生学习其他文体的写作和阅读有着积极的影响。游记写作能力的培养，不仅仅能够帮助学生学习好游记这一板块的知识，游记写作的学习还能够使学生在学习中或多或少地接触到其他文体的相关知识和技巧。一篇游记通常会包括写景、叙事、抒情等内容，要学习写好游记，那么这些写作能力的培养也是必不可少的。因此游记写作的训练和学习几乎练习了从小学到初中需要掌握的所有重要文体，可谓举一反三。

游记写作要写出自己的所见、所闻、所感，这里说的"见"就是我们游览途中看到的景物，"闻"就是景物有关的人文知识，而"感"就是我们自身的感悟体验。在游记写作的过程中，我们要体现出这三个要点，并做到详略得当、整体布局合理，才能算上是一篇合格的游记。同时游记还有着深厚的文化内涵，游记不仅是一种文学文本，而且是一种文化文本。游记将作者的审美能力与自然景色的美融合在一起，可以反映出时代精神、历史文化、风土人情、社会生活等各个层面，为读者展现了深厚的文化精神。因此，在培养学生的游记写作能力过程中，更训练到了学生的日常观察能力、描写能力、抒发能力，且有助于学生积累文化知识。

---

① 徐迟. 漫谈游记 [J]. 文艺报，1959（4）：2.

教育是适应社会发展能力的培养过程，美国就有这样一种教育观点，认为全体选民能读会写，不仅对社会来说是福利，甚至是对社会的生存，都是必不可少的。在经济飞速发展的今天，交通便利，各处四通八达，人们可以选择的出行方式更是五花八门。不论是人民生活水平的提高，还是交通不断地便利化，都推动了旅游业的迅猛发展。在今天的世界各大旅游胜地总能看到中国人的影子，而国内的各处景点都是熙熙攘攘的人群。旅游业的发展也使得相关行业迅速崛起，如旅游类的文章写作、有关旅游的自媒体等。旅游业的发展使得社会需要诸如此类的具有游记写作能力的人才，在今天，游记不仅仅是文学家写来仅供娱乐的文章，旅行家、政治家、学者、新闻记者等这些职业在许多工作中需要运用游记这一灵活生动的文体，记述旅行的人在旅途中的经历，借游记来抒发自己的情感体悟或是向他人表达自己的见识。因而，培养游记写作能力对当今中学生发展具有重要意义。就学生的就业前景来说，学好游记写作，能作为个人的一项基本技能，提高学生的就业竞争优势。

（2）有助于培养学生的审美能力和创作能力

语文学科的核心素养，即语言建构和运用、思维发展和提升、审美鉴赏和创造、文化传承和理解。其中审美鉴赏和创造包括"鉴赏"和"创造"两个层面。游记写作包含了核心素养的审美鉴赏与创造的两个层面。邹斌认为游记的美的层次相对于其他类散文来说是比较清晰的，首先是场景再造的美，其次是古今互动的美，再次是建立在前两个层次之上的物我交融之美。"凡是美的东西，必须先打动审美者的感官和审美过程的内心情绪。游记包含的这三层次的美，逐渐深入，从现实的美深化到与物我交融从而获得审美体验。"①

---

① 邹斌. 从《文化苦旅》看文化游记的修辞视野［D］. 福建师范大学，2011：5.

　　游记写作的学习能够提高学生审美情趣，基于生活去写作。21世纪的父母认为应该多带孩子出门增长见识、拓宽眼界，于是我们在景区看见结伴而行的通常是父母带着孩子的一家人。虽然中国的孩子们都有游玩的经历，但是当下笔时，孩子们完全不知道该从何说起，当家长和老师强制要求时，学生写出的游记也仅仅是记录游览顺序一般的流水账。这很大程度上是由于学生在游览的过程中并没有特殊的感受，还有就是根本不清楚旅行的意义，仅仅是跟在父母的后面，机械地做旅游应该做的事，把每个大家都要去的地方走一遍，然后拍照留念。而学生面对人文美景无感的原因是大多数学生审美情趣的缺失，当今的生活环境和快节奏的生活，拉着学生不停地前进，但是学生却无法欣赏路上的风景。所以，游记写作的学习可以提高学生的审美情趣和感知能力。在别人的游记中，学生可以学习别人是如何在美景中寻找自己，如何去感受大自然，并在美景中得到感悟，使得自身得到升华。从别人的游记中过渡到自己写作游记，恰当地表达自己的所见、所闻、所感，让学生在生活中通过学习游记写作而得到一双发现美的眼睛。

　　2. 初中游记写作的目标梯度分析

　　教学目标是学生要完成的任务或达到的标准，在设计教学目标时，就要考虑清楚要学生做什么、达到什么标准。但对于游记写作教学来说，通常被作为写景作文中的一项来教学，缺少游记写作目标定位，更缺少有梯度的目标设定。写作教学首先要明确目标任务，目标表述笼统或任务不清，是限制教学成效的重要原因。下面有四句话：

　　（1）欣赏景色。

　　（2）对景色做出反应。

　　（3）把景色用语言描绘出来。

　　（4）在用语言描绘景色的同时抒发自己的感想。

前两句不是任务，因为没法确定学生做出怎样的反应，也不能作为教学目标，这些不能引导学生产生明确的学习行为。后两句可以作为教学目标，但是也有行为程度上的不同。在设定教学目标时，通常要求目标表述包含四部分：行为主体、行为动词、行为条件和行为程度。行为主体要求是学生，体现以学生为教学的中心。行为动词尽可能是可测量、可评价的。行为条件包括运用的方式、方法、途径、工具，当然在游记教学中还要注意"情境"的创设。对于行为程度，往往在实际的教学目标设定中表述得都很模糊，这也可能是造成教学目标无序的一个重要原因。对于行为程度的不同限定，能产生不同的目标梯度。如何正确地区分和限定游记写作中的目标梯度，这是一个难题。学生写游记，有的不管到什么地方游玩，凡是所见所闻都没有选择地写出来；有的游记像是导游册子复述，缺少自己的感悟；有的语言表达过于直接、简单，虽有丰富的游览经历，但写不出让人印象深刻的文章。

对于游记写作中，学生的文章要达到的程度，民国时期的江树峰老师就曾进行过较明确的区分。江树峰在他 1937 年发表的《关于游记习作》一文中论述了游记写作的层级。他指出游记写作"指导是必要的"，游记写作有几种写法，它们构成了游记写作能力发展的阶梯。第一层：写所见之景物、看到的景物；第二层：写所闻之景物、听到的声音，如"杨柳枝头，黄莺乱叫，潮边榭上，老女弹唱"；第三层：写所见之人事，由景物到人事，这是一大飞跃；第四层：写所闻之人事；第五层：写所见所闻与曾遭受过的经验之关系；第六层：写所见所闻与曾读之书的关系。第五、六层，是最高峰。①

结合上述游记写作能力层级划分，我们可以把游记写作的目标大致划

---

① 江树峰. 关于游记习作［J］. 写作与阅读，1937，1（5）：3—17.

分为三个层级：

第一层：能写所见的景物、所闻的声音。游记写作首先要能真实地记载在游历中的所见所闻。游记具有亲历性和纪实性的特点，亲身经历和真实的记载是游记写作的根本。

第二层：由景物到人事，由景物到心境。在面对美景时，文人墨客们往往会将美景和自己当时的心境还有自己的人生境遇结合起来，从而萌生出自己对人生的感悟。苏轼曾说："山川之秀美，风俗之朴陋，贤人君子之遗迹，与耳目之所接者，杂然有触于中，而发于咏叹。"① 当我们在美景中有感而发，然后产生情感，最重要的就是咏叹，将自己的感悟、情感诉诸笔端，用丰富多彩的文字语言表达出自己的所见所闻所感。郁达夫在《闲书·山水及自然景物的欣赏》中指出："欣赏自然，欣赏山水就是人与万物调和，人与宇宙合一的一种谐和作用。……自然景物以及山水，对于人生、对于艺术，都有绝大的影响，绝大的威力，却是一件千真万确的事情。所以欣赏山水以及自然景物的心情，就是欣赏艺术与人生的心情。"② 郁达夫的这段话表明了游记中感悟的重要性，游记写作中要有所悟、有所思，用心去感受。在面对景、事、人时，我们可能是悲从中来，可能是开心愉悦，也有可能是亢奋激动，这时就有了强烈的表达和描摹事物的冲动，进而将各种各样的人或是自己的人生体验和大自然的内在形态形成某种感应，这时的情感和我们游览的景物就能找到一个无形的连接点，将我们的真情实感倾注到我们的游记中去，情感流淌在游记的整个文章脉络中，使得游记读来隽永悠长、韵味十足。

第三层：有反照解会，有领悟思考。钱谷融认为，游记不能"只有

---

① 　苏轼. 唐宋名家文集·苏轼集［M］. 郑州：中州古籍出版社，2010. 85.
② 　郁达夫. 郁达夫文集（第四卷）［M］. 广州：花城出版社，1982. 84.

观察与描绘"，而且要"有反照与解会"。① 反照与解会，就是说进行游记写作必须和情感结合起来，有所领悟思考。文章中要进行艺术的概括抽象处理，表达作者的看法、观点。这样，写山川湖泊、历史古迹、民族风情，才能写出有内涵、有思想的游记，游记散文也才具有艺术感染力与美的哲思的提升。游记教学也应如此，不仅要训练学生的观察与描绘能力，更重要的是掌握反照与解会的能力，游记的思想性往往就是从文章的情感、感悟、体会中体现出来的。在掌握游记写作最基本的纪实性基础上，引导学生在游记写作中表达自己的思想和感悟是游记写作教学的重要内容。

我们可以从这三个层级来评判学生的游记写作水平，也可以从这三个层次来设计写作教学目标。这样的写作目标层级划分，利于引导游记写作教学走向有序。

现行的统编本语文教材比较重视游记写作。七年级上册有《春》《济南的冬天》等文章，帮助同学们学习如何描写景物。七年级下册要学习《登幽州台歌》《望岳》《登飞来峰》《游山西村》等借景抒怀的古诗。八年级上册有《三峡》《记承天寺夜游》等多篇游记。八年级下册的第五单元选了一些典范的游记，包括《壶口瀑布》《一滴水经过丽江》《登勃朗峰》和《在长江源头各拉丹东》，这一单元的写作教学主题为学写游记。九年级还编选了很多古代游记文体的文章，比如《岳阳楼记》《醉翁亭记》《湖心亭看雪》等。结合当前教材中的游记编选的特点和游记写作能力发展的层级，建议在初中阶段游记写作目标的设计思路如下表：

---

① 钱谷融. 现代作家国外游记选［M］. 上海：上海文艺出版社，1983.3.

表 2 – 3　初中游记写作目标层级表

	目标层级	结合文章
七年级	能写所见的景物、所闻的声音	《春》《济南的冬天》等
八年级	能从景物写到人事、写到心境	《壶口瀑布》《一滴水经过丽江》等
九年级	对景物有反照解会，有领悟思考	《岳阳楼记》《醉翁亭记》等

3. 初中语文教材游记写作内容分析

当前初中语文游记写作的发展情况与教材息息相关，为了更好地了解游记写作教学的发展状况和分析出问题所在，我将传统初中语文教材与统编本语文教材的游记写作教学内容做了分析和比较。

（1）传统初中语文教材游记写作教学内容分析

传统的初中语文教材主要是北师大版和苏教版两种版本的教材，接下来我们将分析两版教材中游记写作的内容。

①北师大版初中语文教材中的游记写作教学分析

北师大版的语文教材中有关游记写作的专题训练在八年级上册第三单元，临水骋怀。这一单元选取了《小石潭记》《黄果树瀑布》两篇游记，比较阅读的散文《绿》，诗两首《望庐山瀑布》《站立起来的水》，以及扩展阅读游记小品两篇《游高梁桥记》《白洋潮》。这一单元包含了古代游记、现代游记，有散文、古诗和游记小品等多种文体，不同的文体，不同的表达方式，但不难发现都与游记写作息息相关。这一单元的"表达与交流"写作综合实践主题是平易之美，这一单元的综合实践主要介绍了一些写作技巧，在综合训练的第三部分，将两篇描写黄果树瀑布的文章进行对比分析，布置了写导游词的任务，并且根据提示创造口语交际的情景，作为导游来为游客介绍黄果树大瀑布。

北师大版的语文教材中有关于游记的教学内容，但关于游记写作的教学几乎没有，仅仅是一个非常小的板块设置了口语交际，学写导游词，而单元中写作教学是比较趋近于碎片化的教学方式。

②苏教版初中语文教材中的游记写作教学分析

苏教版的教材中，关于游记写作的训练分别是七年级上册第二单元和八年级上册的第四单元。七年级上册第二单元这一写作单元的主题是观察和描写景物的特点，指导学生如何去观察和描写景物，学会观察和描写景物是游记写作的基础。这一单元的写作训练首先简略介绍了观察的重要性，引导学生从景物的形状、颜色、质地、音响、气味等多方面去发现和感知景物的特点，然后利用这一单元的写景文教会学生如何去把握景物不同的特点，最后布置写作练习，让学生通过写作练习巩固学习的理论知识。

从苏教版的教材中我们可以看出，这一单元对于写景文的教学是比较系统的，先通过一个单元写景文的学习，了解这一文体的特点、手法，不同的表现方式，在单元的最后设置写作训练，对写景文进行分析归纳，总结理论知识，最后通过布置写作训练来巩固练习。但是对于游记写作只掌握写景的能力还是不够的。苏教版语文教材八年级上册的第四单元江山多娇，选取了五篇游记，分别是古代游记《小石潭记》《记承天寺夜游》两篇，现代游记《阿里山游记》《美丽的西双版纳》《蓝蓝的威尼斯》三篇。单元的最后是写作指导，大致介绍了写作游记的要点，要求学生写参观游览类的文章。教材中关于游记写作的指导说到，在参观游览时要特别注意对景区的介绍和有关的文字材料，要了解游览景区的历史渊源、规模、建筑特点、民风习俗、名人趣事等。留心记录自己的感受，使文章内容具有特色。最重要的是注意文章的真实性，参观游览类文章要讲究顺序。这里的游记写作指导，在写景文的铺垫下，使学生更好地掌握了游记写作的技巧。虽然，苏教版的教材中游记的教学篇幅所占比例不小，但是，并没有涉及系统的游记写作教学指导，游记写作指导仅仅是以一个很小的板块对游记写作做了一个简略的指导，然后要求学生写一篇参观游览类的文章。这对中学生来说，要以此来学习游记的写作是远远不够的。

（2）统编本初中语文教材的游记写作教学新变化

①游记写作在统编本教材中的比例增加

在过去苏教版和北师大版的语文教材中，我们可以看到游记写作在教材中的比例，最多就是一个单元的课文再加上最后的单元总结和写作专题训练，在由教育部统一编写的统编本语文教材中游记的教学比例明显增多。

在统编本初中语文教材中，八年级上册仍然保留了如何描写景物的学习板块，在第三单元中，教材通过多篇写景文以及古诗来对学生进行描写景物的训练。有了学习描写景物的基础，八年级下册语文的第五单元的写作探究是学写游记。这一单元的课文均是现代著名的游记，分别是《一滴水经过丽江》《登勃朗峰》《壶口瀑布》《在长江源头各拉丹东》。四篇课文各具特色，多角度、多方面地介绍了这些有名的景色。这一单元要求学生培养留心观察、勤于考证的意识，通过写作导游词的形式提高语言表达能力和感受文化的能力。要能初步认识到"行万里路"是增长人生见识和锻炼独立生活能力的必要途径，更深地感受锦绣河山厚重的民族文化底蕴。最后要求把语文与实践活动相结合，锻炼参与合作探究的能力，在活动中了解祖国的大好河山，增强热爱家乡、热爱祖国的情感，学写文情并茂的游记。可以看出这一单元的教学意在让学生了解游记，并学会写游记。而以往的教材版本中选取的古代游记则被移到其他的学习板块中或是被删除，统编本教材中还保留了其他很多古代游记文体的文章，比如《小石潭记》这样脍炙人口的古代游记在不同版本中出现，最后统编本初中语文教材中也选取这一游记作为课文。在其他主题的单元中我们也能看到游记文体的课文，如欧阳修的《醉翁亭记》、范仲淹的《岳阳楼记》、王勃《滕王阁序》等脍炙人口的古代游记。

②游记写作在统编本教材中的方向变化

游记在统编本教材中不仅是简单的比例增加，分析后不难发现，统编本教材在教学方向上也有了一个比较大的变化。学写游记这一单元，我们能够明显看出这一专题的训练与以往的游记专题不同了。在北师大版的教材中，游记那一单元专题中有古代游记还有现代游记以及其他许多文体的杂糅，最后的写作训练中关于游记写作的教学指导也几乎没有，游记写作任务处于一个较为零散的分布状态。苏教版的游记写作教学是古代游记和现代游记结合成一个单元，单元最后的写作指导更多的是在教如何写游览的文章。北师大版和苏教版都通过"假如我是导游"的方式来为学生创造情景，学习写参观游览类文章，是一个简单易行的方法，但是对于游记写作能力培养来说，这样的训练是不够全面的。在统编本的游记写作指导中学写游记这一主题更为突出。首先目的非常明确。其次选取的课文都是现代游记，游览的地方也是我们生活中真实可见、可去的地方，这就让学生学习起来比较有兴趣，更加有参与感。而且删掉古代游记这一做法可以让学生能够将注意力放在游记本身上，不会因为翻译、学习文言知识而忽略学习游记本身。最后单元的总结和写作训练也是以比较清晰直接的学写游记来展开教学，而不是通过创造情景进行口语交际而进行简单的写作指导，从而间接地、比较碎片化地去学习游记。统编本直截了当地将所有游记写作的相关内容放到一个单元，集中对游记课文进行分析教学，通过分析研读课文总结游记的特点、写作方法等，在单元总结时再进一步对游记写作的知识进行概括，然后通过写作练习巩固学习内容。相较于传统教材的游记写作指导，统编本教材在游记写作的指导上有一个相对完整的教学体系。

统编本初中语文教材与之前北师大版、苏教版以及其他的教材版本相较，改变了之前分散碎片的学习游记写作的方式，更加集中、更加具体地将游记的相关的知识进行总结浓缩，具有很强的目的性和可操作性。

③统编本初中语文教材中其他游记体裁篇目分析

古代游记篇目方面，通过对统编本初中语文教材的分析和查找，我找到了以下古代游记体裁的课文：《小石潭记》《记承天寺夜游》《醉翁亭记》《湖心亭看雪》《岳阳楼记》。《小石潭记》是一篇非常著名的古代游记，几乎所有的版本的语文教材都会选取这篇优秀的山水游记，文学大家柳宗元对小石潭的描写，文章语言优美流畅，读来朗朗上口、清新隽永，是古代山水游记中的上上之作，对学生了解游记的特点和学习游记的写作技巧有很大帮助。剩下的三篇游记也都是非常优秀的山水游记，寄情于景，情景交融，通过对美景的描写来抒发自己的真情实感。学生在学习古代游记中，通过对古代游记的学习可以了解我国古代秀美的山川湖泊，学习文言知识，提高审美能力，感受大自然的美好，感受古人在山水之间而抒发出来的真情实感，或悲怆、或赞美、或高亢等。

现代游记篇目方面，统编本中现代游记的篇目被全部集中到八年级下册的第五单元进行学习。这一单元的现代游记分别有《一滴水经过丽江》《登勃朗峰》《壶口瀑布》《在长江源头各拉丹东》。这四篇游记在现代的游记中十分具有代表性。《一滴水经过丽江》以一种新颖奇特的角度描写了丽江的景色，以第一人称的视角讲了一滴水，变成雪花落到玉龙山顶上，变成冰是玉龙雪山冰山的一部分，又变成水和瀑布一起扑下高山，穿过中河，来到热闹的四方街。运用拟人的手法，以一滴水的角度从不同视角去描述丽江，既清新自然，又不矫揉造作，让人身临其境。全方位、多角度地展现了丽江的自然景观、风土人情。文章读起来通俗易懂，其丰富的想象使得文章具有很强的趣味性，充分地激发学生的阅读兴趣。以一滴水经过丽江的视角，写出了丽江深厚的人文历史风情与迷人的丽江景色。《登勃朗峰》是著名作家马克·吐温（Mark Twain）的游记，以幽默风趣的语言描写了他们登勃朗峰的所遇、所见、所闻。通过上山写景、下山写人的方式，将景物和情感融合在一起，将技艺高超、搞笑幽默的车夫与勃朗峰引人入胜的美景描写得相得益彰。《壶口瀑布》分别描写了壶口瀑布的枯水期的雄伟壮观、柔中带刚和雨水期的勇往直前、气势磅礴，联想到了中华人民历经磨难，却百折不挠、勇往直前的大无畏精神。作者既描写了壶口瀑布惊心动魄的景观，又表达了对中华人民的这种美好品格的赞美。文章寄情于景，情景交融。《在长江源头各拉丹东》一文由远及近，采用了移步换景的方式描写了冰塔奇妙壮丽的特点，通过自己在高原上恶心难受的感受来衬托高原的奇特和壮美，又更好地展现了作者对大自然美景的敬畏和赞美之情。

通过对初中语文三个版本的教材中关于游记写作相关内容的分析研究笔者发现，在三版语文教材的编写中，均有体现游记相关的教学内容。其中北师大版教材中游记的教学内容最少，而且对于游记写作的指导几乎没有，苏教版教材中游记写作内容有一定的篇幅，但是其中关于游记写作的指导浅显而且杂乱，北师大版和苏教版教材对于游记写作练习都停留在写导游词的层面上。而由教育部统编的统编本语文教材，可以看出编写者注意到了这一问题，进行了明显的改进。游记的相关知识被汇集到一个单元进行集中学习，游记的写作指导简明清晰，而不再通过传统的口语交际这种特定场景含糊地学习。也保留了一定数量的古代游记文章来进一步深化对游记的学习。但是，通过分析调查笔者又发现游记写作困难这一问题，仍然没有得到解决。究其原因，在统编本新教学改革中的语文教学也在经历一场变革，新的教材需要与之配套的新颖的教学理念和教学方式。

4. 初中语文游记写作教学优化设计

针对当前初中语文游记写作不尽如人意的情况，我以写作理论和案例分析为基础，从教师的写作教学策略优化上提出意见。我的改进策略从以下三个方面展开：

（1）把握游记的基本特点，唤起学生生活记忆

伟大的教育学家杜威对教育总结出"教育即生活""教育即生长""教育即经验改造"三个理论，在杜威看来学生学习必须要到社会中参加真实的生活，只有参加到真实的生活中，学生才能获得身心成长和经验的改造。因此应用到教学上，教师要把传统意义上传授知识的课堂变成儿童活动的游乐园，引导儿童使得他们积极自愿地投入活动，在活动中潜移默化地养成品德以及学到知识，实现身心健康，获得生长和经验的改造。杜威认为如果儿童不是从实践活动而是由上课和读书得到的知识是虚无缥缈的。在中国现代的教学中，能够做到将课程都设计成学生感兴趣的活动，显然可操作性是非常低的，但在游记写作的教学中，我们能够轻松做到这一点。游记可以说是一种非常具有社会性的文体，我们甚至可以说许多游记反映了社会的变化。因此，教师在进行游记写作教学时，要引导学生去回忆自己的生活记忆，从已有的生活经验中去寻找写作素材，游记的一大特点就是亲历亲闻，要写好游记我们首先就要保证游记的真实性。

①游记的纪实性

游记的纪实性具体表现在生活真实。游记是要以真实的旅游生活为基础，是作者在旅行过程中见闻的真实记录。纪实性要求游记中所记录的事情，必须是在生活中真实发生过的。游记要求的真实性，是说自己确实去旅游了，游记中描写的景物是真实存在的，而你旅游的地方是你亲自去过的，描写的事情也是亲身经历的，也就是说是本人亲身体验、亲眼看见、亲身经历的。为了充分地展示旅游景色的真实风光，必须发挥"记"的功

能，游记中的"记"首先是有"记叙"和"描摹"的意思，"记"就是记叙或者描写人、事、景、物，将自己在旅行中的所见所闻再现出来。纪实性是进行游记写作的最基本特点，在游记写作教学中，首先应该做到的就是要求学生游记写作的纪实性。

要把握游记的纪实性，游记文学作品中的"游踪"是非常重要的，这里说的游踪不是说旅游者或考察者的"流水账"，而是一种通过艺术构思的产物，是我们在写作过程中，经过思考、提炼和概括的东西。我们这里说的游踪既要与实际上旅游的过程、行踪或者行走路线基本相符，又要根据我们要表达的主题和创作意图灵活地安排文章的谋篇布局，对我们的游踪进行艺术处理。因此，教师在进行游记写作教学时，首先要指导学生在游记写作之前，理清自己的游踪，再筹谋布局。在写游记时将游览观察对象的风情状貌通过艺术加工真实而又灵动地展现出来。在游记中，我们不单单是告诉人们最佳的游览时间，还要为读者描述人文古迹的景色，我们看到的情形状况也可以如实地描写，从而表现出游览对象鲜明的特点。在记述游踪的基础上描绘我们看到的风貌，只有当我们笔下的审美对象被刻画得栩栩如生，才能使读者身临其境，获得审美体验。特级教师余映潮老师在游记写作教学的课堂上，将游踪作为教学线索贯穿了整堂课，首先带领学生分析课文，找到课文中记录游踪的方式，再通过分析解读，让同学们在不同类型游记课文中去学习游记写作的几种基本构思技巧。

游记写作教学中，教师应当帮助学生将特定生活背景和游记写作知识相联系，在游记写作时联系学生的生活体验，将学生的个体世界与知识的内在形态融会贯通，帮助学生在游记中窥视灵魂、体验人生，从游记写作中丰富情感，帮助学生敲开自然、社会、人生的大门，到真实的自然、社会、人生中发现问题，融合知识，进而解决问题。

②游记的思想性

著名学者钱谷融认为："游记有很大一部分是以描绘山川名胜、自然风景为主的，写景抒情之作一向是游记文学的正宗。对于自然风景的欣赏，我们中国人是别具慧心的，远非西方人所能比拟。厨川白村认为西方人是直到 18 世纪浪漫主义文学兴起以后，才逐渐对自然风景有所认识的。在此以前，西方文学作品中虽也有对于自然景色的摹写，但仅止于摹写而已，并没有同作者的情态结合起来。也就是说，他们只有观察与描绘，而没有反照与解会。"① 钱谷融先生认为游记写作不仅仅需要观察与描绘，还要有反照与解会。反照与解会，就是说进行游记写作必须和情感结合起来，有所领悟思考。文章中要进行艺术的概括抽象处理，表达作者的看法、观点。这样，写山川湖泊、历史古迹、民族风情，才能写出有内涵、有思想的游记，游记散文也才具有艺术感染力与美的哲思。所以，我们的游记教学也应如此，不仅要训练学生的观察与描绘能力，更重要的是掌握反照与解会的能力。游记的写作教学中，在掌握游记写作最基本的纪实性基础上，引导学生在游记写作中表达自己的思想和感悟是游记写作教学的重中之重。

真实地记载在游历中的所见、所闻，亲身经历和真实记载是游记写作的根本，也就是说游记具有亲历性和纪实性的根本特点，而真实性不仅在于切身体验，更在于作者的真情感、真感悟、真性情、真体会。游记的思想性往往就是从文章的情感、感悟、体会中体现出来的。

在面对美景时，文人墨客们往往会将美景和自己当时的心境、人生境遇结合起来，从而萌生出对人生的感悟。石英在谈游记写作的文章《最易写也最难写好》中指出："凡为风景胜地，不具有某种美点就不可能名震

---

① 钱谷融. 现代作家国外游记选［M］. 上海：上海文艺出版社，1983.3.

遐迩，但美的神髓，美的精妙还需要游记作者具有一双艺术家的眼睛，具有能够发现美的心灵。这就是说，不仅仅是客观的展示，而重在发现。有名的胜地仍需要发现，无名的更需要这种发现。只有很好地发现它，才能更好地表现它。没有艺术的发现，客观物象再美也还是跃动不起来，写出来的东西自然是缺乏光彩，缺少神韵。"① 石英在这里说到的"艺术的发现"，我将其解读为游览的独特感受，只有拥有不同于他人的感受，并遵循自己的独特感受，我们才能将游记写得引人深思、独具特色。对初中生的游记写作教学指导，教师可以引导学生找到旅行的体会和感受来确立主题。比如同学间一起出游，都是青春的少男少女们，一起出行旅游那是一件非常美好的事情，这时候我们就可以将游记的主题放在美好、青春的同学间的情谊之中，那游记的主题也是比较容易把握的。但是在游记写作教学中，一定要注意一个点，在确定以出游时发生的事情为主题后，切记不要平铺直叙或为了把事情交代完整而刻意事无巨细地描写整个过程，而是要顺着自己的写作思路，详略得当地写出让自己记忆最深或感悟最深的事情。

古人云："真字是词骨，情真、景真必是佳作。"② 情景交融、寓情于景、借景抒情，一篇好的文章，无论是什么文体，一定是抒发和表达了某种情感，当文章被赋予了某种情感时，文章才算是拥有了灵魂。游记中情感的体现尤为重要，如果一篇游记中，没有表达或抒发任何一种情感，那这篇游记将会沦为枯燥无味的景色解说词。我们在阅读游记中会发现有一类游记是作者本身带着某种情感去游历的，在看到眼前的美景时，心中的情感达到了最高点，从而在美景的陶冶下寄情于山水之间。以统编本语文课本中的游记《壶口瀑布》为例，这一篇游记表达了作者强烈的情感，通

---

① 萧枫，陈芳让. 名家谈游记创作［M］. 西安：陕西人民美术出版社，1988. 79.
② ［清］况周颐. 蕙风词话［M］. 北京：人民文学出版社，1960. 3.

篇文章读下来，我们不仅能感受到壶口瀑布震撼人心的美景，同时又能强烈地感受到作者对中华民族的热爱和对中华民族精神深切的赞美之情。

（2）引入传统游记特点，发扬游记教学传统经验

①在游记中加入意境

在游记创作时继承古人在景物描写时特有的意境描写，会使我们写出的游记更加地生动优美，意境的创造是通过自己的真实感受来描绘景物，从而创造出一种意与境相互交融、如同诗一般的境界来。读者在阅读的过程中，通过意境来感受游览者内心的情感。如《小石潭记》的上半部分，柳宗元带我们领略了小石潭的优美景色，跟随柳宗元的步伐，我们看到了一个山清水秀的小石潭，他在写景之后又写道："坐潭上，四面竹树环合，寂寥无人，凄神寒骨，悄怆幽邃。以其境过清，不可久居，乃记之而去。"而就在刚刚，小石潭"如鸣佩环"的水声还使他"心乐之"，潭中的游鱼"似与游者相乐"，看起来也使作者那么的快乐。但随着游踪的深入，及至他坐下来观赏之后，原本令人心旷神怡的优美景色却突然变得令人凄神寒骨，在寂静清幽的树林里，空气中飘荡着寂寞、孤独的气息，这样的气氛使得作者仿佛无法呼吸而选择匆匆离开。我们知道小石潭景色的变化是由于柳宗元的感情发生了变化，而我们感受到的这种变化的情感，柳宗元不是直接向我们描述心情的变化，而是将情感融入景色之中，从而创造出一种意境，通过这个意境来表达自己或喜或忧或悲怆的情感。意境创造的结构特征，在游记中表现为虚实相生。也就是说，实境是作者真实描写的景、形、境，也就是"象外之象"中的第一个"象"，而虚境则是指在实境的基础上延伸和开拓的审美想象的空间。虚境是实境的升华，虚境必须通过实境来表现。总之，虚境要通过实境来表现，实境要在虚境的统摄下来加工，这就是"虚实相生"的意境的结构原理。在游记写作中加入意境，使游记读来深远悠长、韵味无穷。读来韵味无穷是游记写作的最终审

美效果。在中国传统文化中，含蓄是中国古代文学、美学的一大特色，古人常说："言有尽而意无穷。"① 要做到意境的真正底蕴，是要作品富有韵味、余意无穷的含蓄美。教师对游记写作的教学可以渗透在日常的教学中，在进行诗歌、散文等教学情境中，分析作品中的意境，不仅教会学生欣赏文中的意境，而且让学生学习作者是如何用意境来体现自己的思想情感。指导学生将看到的事物用自己特有的想象描述出来，而自己的这个想象不是天马行空的想象，这个想象要与全文的基调相符。将自己双眼看到的，或者是感受到的景物，用想象进行加工，你可以把景物想象成其他的东西，也可以将你看到的景物加上自己想象的故事，等等。比如朱自清在《荷塘月色》中对荷叶、荷香、荷花进行了想象，"像亭亭的舞女的裙"，"仿佛远处高楼上渺茫的歌声似的"，"正如一粒粒的明珠，又如碧天里的星星，又如刚出浴的美人"。运用了各种各样的手法把自己的感情融入自己的想象中，在荷塘月色的实景下营造出了如此悠长浪漫的意境。

②写出游记的风貌

风貌也就是说我们在游览访问时景物的风情状貌，风貌是游记写作构成的一个重要因素。在游记中描写我们所看到感受到的风情状貌，会使我们的文章读来令人感到温暖，也就是说写出有人情味儿的游记。古代游记散文主要把山水名胜作为游览或审美对象，虽然它也记载沿途的人、事、景、物，但重点却放在描写山水的景色，欣赏名胜古迹。但是现代游记散文比古代散文的游览对象宽泛得多，从天空到海洋，凡是眼睛所到之处的自然风景、民俗风情、名胜古迹、奇闻趣事等，都可以作为游记描写的对象。现代游记散文在审美上具有的完整性和综合性，与古代山水游记散文审美的单一性是不同的，现代游记散文的写作具有现代的"社会相"，在

---

① 郭绍虞. 沧浪诗话校释［M］. 北京：人民文学出版社，1961.65.

现代游记中，我们能看到人生百态。因此，在现代游记的写作中，我们尤其要体现游览地区的风貌，只有将我们描写的游览对象的风貌表现出来，才能完整地将现代游记的优势体现出来。南京市第十七中学的袁爱国老师进行《一滴水经过丽江》的教学时，对丽江的人文景观进行分析，非常详细地为学生展示了这篇游记所展现出来的丽江的风貌。在袁爱国老师的教学中我们能感受到在民风淳朴的丽江，不论是精神还是身体都能得到纯粹的享受，各种各样的文化理念在丽江都能够融合在一起，最后归于纯洁。

所以教师在进行游记课文教学时，一定要带领学生去领略课文中作者所展现出来的景色的风貌，然后进一步感受，最后在游记写作中学会描写一个风景区的风貌，结合景色的各个方面，使学生写出的游记充实而丰富。

（3）训练个性思维方式，构建游记写作体系

我国教育学家叶圣陶说过："学习写作重要的还要在于学习思考。"[1]学生写作能力的源头是其思维方式，要解决学生的写作能力问题，训练学生的思维方式尤为重要，在训练中尽量形成学生的个性思维方式。在游记写作中，赋形思维控制下的路径思维十分重要。

①赋形思维的训练

在经过游记的立意后，游记具体的行文用写作思维操作来进行。马正平先生在《中学写作教学新思维》里提到："至于描写为主要表达方式的记叙文的材料生成，结构布局和起草行文的思维运作，主要是运用空间分析的思维模型进行思维的。这与说明性的议论文和实物说明文的结构思维相当。"[2] 赋形思维运用在游记写作中就是说运用重复和对比的手法，将我们所看到的景物进行筛选和重组，再从这些景物中选取能够充分表达自己

---

① 叶圣陶. 落花水面皆文章——叶圣陶谈写作 [M]. 北京：开明出版社，2017. 133.

② 马正平. 中学写作教学新思维 [M]. 北京：中国人民大学出版社，2003. 2.

情感的景物进行综合分析。在游记写作中，赋形思维的培养是从头到尾贯穿在整个游记的写作中的，赋形思维在游记写作中的运用体现在重复和对比上。在游记写作的具体行文中，赋形思维对游记写作主题进行加强，赋形思维操作模型对材料进行选材和组织。赋形思维主要是对游记写作主题起强化和渲染的作用，当游记的立意确认后，接下来整篇文章都会围绕立意展开，用赋形思维在文章中反复渲染主题。在游记中我们主要从景色特点、旅行感受、启示、思想这几个方面对主题进行强化、渲染，运用赋形思维来凸显美，反衬美。比如，在《在长江源头各拉丹东》中作者通过描绘自己在高原上的疼痛和恶心，甚至感觉要死了，来反衬各拉丹东壮丽的景色和冰林塔的神奇之处，为了能够更深刻地表达自己对大自然的美景的酷爱和赞美之情。旅游的感悟和体会也是强化渲染主题，表达作者情感的。以范仲淹的《岳阳楼记》为例，"嗟夫！予尝求古仁人之心，或异二者之为，何哉？不以物喜，不以己悲；居庙堂之高则忧其民，处江湖之远则忧其君。是进亦忧，退亦忧。然则何时而乐耶？其必曰'先天下之忧而忧，后天下之乐而乐'乎。噫！微斯人，吾谁与归？"在这里范仲淹就表达了自己的感悟，试图凭借自己伟大的爱国情怀和乐观的精神来规劝自己的好友。这就是作者在登岳阳楼后的感受，进一步思考后提炼出他得到的启示，这在极大程度上强化了文章主题。赋形思维帮助学生在游记写作中厘清思路，突出重点，强调主题。

　　教师在教学时可以引导学生通过运用重复性、渲染性、强化性赋形思维操作模型进行选材，表达文章的中心思想，确定文章的大体思路。接着在游记的写作内容中，为了强调自己的观点，就可以不断重复加强，比如说我们表达奇特，就在文章中不停强调奇特，重复奇特，形成排山倒海的气势，从而达到表达奇特的目的。这就是说我们实现了重复性、渲染性和强化性。通过赋形思维进行游记的写作，首先通过对选材和句子段落进行赋形思维模型的操作，最后形成游记的整体篇章。在游记教学上，要尽可能多地训练学生的思维，从句子到段落再到选材，潜移默化地让赋形思维进入到学生的大脑中从而变成习惯。

在运用赋形思维写作时，我们还可以运用对比性、反衬性、对照性赋形思维操作模型组织文章中句子、段落的章法。虽然对比、反衬赋形思维比重复、渲染赋形思维在游记中的运用少，但在凸显主题、直击人心的效果上，反衬的效果更加优秀。通过对选材、段落、句子进行对比、反衬赋形思维操作，会使学生的游记生动形象，更加具有节奏感，重复、渲染和对比、反衬赋形思维同时存在于学生的头脑中，相互作用，就变成了潜意识的知识。也就是说训练学生的一种个性思维方式，最后形成了一种能力，学生在写作游记时就会自动发挥这种能力，写出优秀、具有力量的文章。

②路径思维的训练

在游记写作中我们还可以运用路径思维，马正平先生在书中说道："当代写作思维学的研究表明：赋形思维的途径，写作思维的一般操作模型就是分析与综合。这就是写作赋形思维的路径思维。"① 因此，我们进行游记写作时也可以充分运用路径思维。

在马正平先生的《中学写作教学新思维》第九章中，明确地提出了这两个思维的具体范围和运用方法，赋形思维和路径思维都是在文章立意确定后再运用到进行具体行文的结构思维里。赋形思维是最基本的结构思维，使文章丰满，内容充实。而路径思维则是结构思维通过路径思维进行赋形思维、进一步的强化表达。"分析与综合：重复与对比的途径与手段"，这种分析与综合的思维在游记写作中的表现就是路径思维。

---

① 马正平．高等写作思维训练教程［M］．北京：中国人民大学出版社，2002.2.

　　叶黎明的《语文科写作教学内容研究》一文将国外写作教学编撰经验作为参考，在此基础上使写作过程性知识与文体知识等构成一个"同心圆"的关系，并据此来进行写作课程知识的开发和整合。也就是说通过"文体"与"过程"两个维度进行写作学习内容的开发和建构。过程这个维度体现在游记作文的学习内容建构中，表现为最常使用的路径思维操作——过程分析，过程分析在游记写作中就是对旅游的发展、演变过程和运动环节的分析，而进行游记写作。在游记写作中，过程分析的目的是将景色图片和旅游经历构建起来，也就是为了赋形思维的展开而提供一个思路。对古代游记散文和现代游记有了进一步的了解后，我们会发现游记写作的最主要过程分析一般是时间顺序。

　　时间顺序的过程分析一般体现为开始、发展、结果。根据旅游时间的推进，游记中也会出现时间顺序。当我们展开描写旅游行动的细节时，我们下笔选择描写的每一个细节都应该是对文章主体进行渲染、强化。

　　还有一种类型就是空间顺序，也就是我们常说的游踪，在游记写作中我们通常能看到用移步换景的手法来描绘。移步换景就是说根据游览者的游览踪迹或者说空间环境的变换来进行全文的写作。在了解了游记作文中的空间顺序和时间顺序后，我们就初步了解了游记作文中的路径思维。如果我们要运用路径思维，就要进一步把时间顺序和空间顺序结合，做到动静结合、虚实相生。同时将时间顺序和空间顺序相互交叉来发展游记，也就是运用路径思维中一个新组合的比较复杂的具体形式，将时间顺序和空间顺序交错在游记写作中，这种路径思维的综合性比较强，讲究时间和空间的配合，对学生的思维能力要求比较高。在运用这个方法时，一定要保证时空的逻辑性，而不能出现时空混乱的现象。

二、议论文写作教学目标梯度及系统化设计

（一）初中议论文写作目标梯度分析

表 2 - 4　统编本语文教材中议论文写作教学内容编排分析表

项目 册次	单元主题	主要教学目标	相关篇目
九上	第 二 单 元： 观点要明确	1. 以鲜明的态度和立场看待事物，并能提出自己的观点。 2. 认真思考生活和社会现象，有针对性地提出观点。 3. 提炼观点要明晰、简明，提高思辨能力。	《敬业与乐业》《论教养》《精神的三间小屋》
九上	第 三 单 元： 议论要言之有据	1. 围绕自己确定的观点，选取与之相对应的材料。 2. 使用真实准确、经得起推敲的材料。 3. 注意材料使用的丰富性，增强文章的说服力。	《岳阳楼记》《醉翁亭记》《湖心亭看雪》
九上	第 五 单 元： 论证要合理	1. 学写议论文，观点要统一，论证要严密。 2. 明确观点和材料的联系，使用的材料能够支持论点。 3. 使用多种形式的论证方法，使文章结构合理。	《中国人失掉自信力了吗》《怀疑与学问》《谈创造思维》

　　议论文的写作相对于记叙文和说明文来说难度比较大，所以教学目标对议论文的写作没有做硬性要求。议论文的写作需要你有鲜明的观点，即论点；还需要你有丰富的材料储备，用来论证你的论点，即论据。这是两个必备的知识储备，只是基础。除此之外，它还需要你把材料和观点通过论证组织起来，这就需要具备强大的逻辑思维能力。论点、论据和论证三

者缺一不可。而初中阶段的学生，还没有完全具备逻辑思维，而且在知识储备方面也有欠缺。

议论文写作的教学目标设置是层层递进的。九年级上册二、三、五单元分别对应议论文三要素论点、论据和论证，要求学生能够提出观点，选取材料，能够让材料和观点对应，二、三单元的教学目标是基础，观点和材料选择好了，你的议论文就成功了一半。而九年级上册第四单元和九年级下册第一单元，其实并没有专门设置议论文的写作目标，只是要求学生能够对他们的议论文加以修饰整理，扩写和缩写，都是议论文写作中论证观点的常用方法。如何在议论文写作中应用扩写和缩写，就是教师的教学目标。论证一个观点，如果用一个材料，那你就要把这个材料进行扩写，扩写也并不是随便扩，要句句不离论点，每一句话都有用处。如果给你很多很长的材料，那你就要对材料进行缩写，缩写成排比句的形式来论证你的观点。

（二）议论文写作存在的问题分析

1. 课程设置上，忽视文体、素材的教学

（1）忽视议论文体教学

高中之前，在语文学习中，学生所接触的作文大都是记叙文或说明文，议论性文体接触得较少。并且，在平时的训练中也以记叙文居多。因此，同学们对记叙文有着深厚的功底，思维模式也偏于记叙文，对议论文有很大的陌生感，并且与记叙文、诗歌等体裁相比，议论文写作具有一定的难度。因此，同学们常常将记叙文的一些固化模式不自觉地运用到议论文中，使得文章的文体不清。

（2）轻视议论素材的整理

议论文的题材一般都具有很强的哲理性，议论素材也要求具有较强的哲理性和丰富的内涵，这对于长期接触记叙文的学生来说具有较大的难度。并且，议论文素材的哲理性与学生平时的学习生活有较大的距离。因此，学生在平时的学习中所积累的素材大都不适用于议论文，议论素材相对缺乏，并且大都是些老旧的素材，缺乏新意。此外，对于议论素材的运用也缺乏经验和方法。许多学生在写作文时，大都只是材料的堆砌，缺乏理论性见解和过渡性语言。中学语文课程，时间紧、任务重，因此大多数教师把教学的重点放到文章的立意、结构等方面，常常忽略对学生议论素材的指导和整理。在课堂设置上，常常忽略该部分内容，主张让学生在课下或阅读课上自行积累和整理。课内的文言文有较多的议论文体，教师在讲授课文内容时，常常只是注重课文内的素材，而忽略课外的相关素材以作补充。故而，教师应该多引导学生在学习使用课内文章作为议论素材的同时，也要积累和整理课外的相关素材，以备后用。

从现有教材来看，针对议论文专题的单元与写作较少，学生主要是通过单册书部分内容进行学习与了解。纵观整个初中统编版教材不难发现，以议论文为主的单元讲解或写作不多，学生在学习议论文写作阶段仅仅依靠几篇较为明显的议论文进行，这样容易让学生及教师产生一种议论文教学不重要的错觉，最终结果非常不利于议论文的学习。所以现有教材中，不妨多增加一些与议论文相关的单元与写作，在原有教学目标的基础上，形成关于议论文写作教学的体系，在现有教材学习中促进教师、学生对议论文的重视，从心理上给予双方一种重要感，也使得教师的教与学生的学更体系化、规范化，使得教学质量不断提升。

或因议论文涉及篇目不多，相关的教学设计中对于议论文写作的要求也不多。而于教学设计中可以看出，教师注重将议论文思路、论证过程、相关论据论证知识点、文本思路过程等传授给学生，通过小组合作，交流探讨的方式不断加深学生对议论文的了解与知识点识记。但这都属于理论知识，相关写作实践较少，使得学生"强理论少实践"，最终易产生理论上的"巨人",写作实践上的"矮子",难免有学生懂得议论文思路和方法但具体运用却下笔难写的状态。因此,在教学过程中,教师在原有讲授理论,引导学生学习议论文的基础上,更应加强其相关的写作,从易到难,步步紧跟所学内容进行实践,既可得到议论文知识的巩固,又可锻炼议论文的写作能力。

2. 教师指导上,观念陈旧、忽视评价

（1）教学理念陈旧,模式固化

当今许多教师仍坚持传统的教学模式,在写作方面,大部分教师仍然支持给学生一些万能模板,让学生仿照着模板写作,从而让学生的文章格式化、固定化,进而在考试中保住作文的基础分。然而,这种方法却禁锢了学生的创造性思维,不利于学生个性化的发展,容易让学生产生思维惰性,使学生的文章大致相同,缺乏新意。

此外,还有许多教师在平时的备课中单方面地追求速度,常常直接下载一些网上的已做好的 PPT,根据现成的课件进行教学,故而在教学活动中仍然教授一些陈旧的内容,教学模式也变得固化。此外,这种教学模式和教学理念忽略了现实学生的真正水平,大都不符合学生的实际学习,不符合班级的实际学情,进而,学生在平时的学习活动中容易产生脱节、落后的现象,从而使教学活动不能取得应有的效果,产生欲速则不达的后果。

在阅读方面,仍有许多教师不支持学生阅读课外读物,甚至有些教师严格禁止学生阅读,认为学生阅读课外书籍会浪费宝贵的学习时间,认为阅读不如刷题,刷题能更快速有效地提高分数。因此,在平时的学习中,阅读课则是少之又少,侧面反映出许多教师忽视了读的输入作用。还有一些教师仍然采取"放养式"的阅读方式,一到阅读课,把一切都交给学生,让学生自己选择阅读内容,自主学习。教师则主要是看好班级的纪律。这种教学模式适用于自主能力比较强的学生，有利于他们选择提高自己的薄弱环节，但自主能力较差的学生，则容易开小差，学习效率严重不足。此外，教师缺乏对学生阅读的指导，也会大大降低学生的学习效率。

（2）忽视评价的促进作用

教学评价是指以教学目标为依据，通过一定的标准和手段，对教学活动及其结果给予价值上的判断，其中包括对学生学习结果的评价。教学评价具有导向和激励功能，准确、客观的评价能帮助学生正确认识到自己的缺点和不足，进而更好地提升自己，提高自己的写作水平。然而，实际中的许多教师并没有意识到评价的促进作用，更多的则是在学生作文的最后写几句简单的评语，对于学生文章中的优点和缺点也只是寥寥几笔带过，不能给予学生准确的评价。也有一些教师在作文评改过程中，只采用单一的评改方式，忽视了学生之间的交流和互动，没有注意到学生在作文评改中的积极作用，不利于学生创新性思维的培养。

有些教师的作文评价大都是简单地点出学生作文中比较明显的缺点和不足，并且，评语的概括性较强，不是十分具体，让学生很难做到深刻地理解和体会。对于学生文章中比较出色的地方也没有给予鼓励性评价，应发挥教学评价的激励功能，让学生对自己的写作更有信心，并激发学生写作的兴趣。

3. 学生实践上，逻辑混乱、文章模式化

（1）议论逻辑混乱

议论文有很强的逻辑性，讲究客观性。一方面，处于青春期的高中生很容易在文章中抒发自己的主观情感，从而使文章的主观性和客观性产生冲突，使得文章的论证逻辑产生混乱；另一方面，许多学生由于对论证方法的掌握还不是很熟练，甚至多种论证方法简单交叉运用，造成论证逻辑混乱，使得文章的思绪混乱、难以理解，论点也偏离主题。

（2）文章模式化

有些教师指导学生写作有模式化倾向。例如，在写作思路上，分别从是什么、为什么、怎么办三个方面来展开。在"是什么"部分的内容大约是 100 字到 200 字之间；文章的主体部分是三个中心句，并且三个中心句的关系可以是并列、递进或者对比；最后结合自身进行升华。诸如此类。这样的模板提纲会促发模板文章的形成，使学生在平时的写作中形成固定思维，放弃创新思想。虽然模板文章可以让学生打一场稳稳的"战役"，能够保住基础分数。但它却在很大程度上禁锢了学生的创新思维和个性的发展，形成思维的惰性，故而使学生的文章千篇一律，没有出彩之处。千篇一律的文章也会让批卷教师产生视觉疲劳和厌恶感，不利于学生作文的长期发展和提高。

（三）议论文教学优化设计

1. 读写教学中议论文体意识的培养

文体意识是人们在文本写作和欣赏中，对不同文体模式的自觉理解、熟练把握和独特感受，是对读写实践的一种能动再认识。因此具有文体意识对于写作具有很大的影响。学生要想写出高分的作文，首先要具有文体意识。强烈的文体意识是写好文章的前提。要清楚不同文体的特点、要素以及注意事项。例如，一提到小说，就要想到小说的三要素：人物、情节、环境。进而，回想人物、情节、环境的作用是什么。明确掌握好这些小说文本的基础知识，才会在写作小说时有更加清晰的思路和想法，不至于在写作过程中"缺胳膊少腿"，忘记了人物或丢掉了环境，写不出一部完整的小说，发挥不到小说文体该有的作用，进而，无法完整深刻地表达作者的思想情感。

议论文是一种富有哲理的文体。一般议论文包括三方面内容：论点、论据、论证。教师应对议论文体进行专门的针对性训练，分别与记叙文、诗歌、小说等文体加以对比和区别，让学生更加深刻地认识和了解议论文体，进而更好地帮助学生写作议论文体。例如，在阅读课中，选取不同文体的文章，让同学们自由阅读并相互交流，找出其中的不同之处。同时，再选取几篇议论性的文章让学生自由阅读和交流，找出其中的相同之处，并将议论文的基础知识和相关内容对同学们进行充分的讲解，给同学们梳理出议论文的知识框架，让学生对议论文体有更为系统的了解和认识，以便于学生在以后的议论文写作中有更清晰的思路。这种方式一方面可以使学生明确议论文体，具有明确的文体意识；另一方面，有利于充分发挥学生的主体作用，激发学生学习的积极性和主动性。

议论文写作教学中，教师应该以现有的议论文写作教学目标为框架，在三维目标的支撑下，加强对学生的议论文写作教学。议论文写作教学，不仅要注重学生已有且已掌握的议论文基础知识，更应注重学生的实践写作能力。初中阶段对于议论文的写作要求不高，根据课程标准，初中 7～9 年级关于议论文的写作要求为能够写简单的议论性文章，有理有据，观点明确。所以，在写作教学中，还要根据课程标准和学生实际学习情况进行写作教学，不宜操之过急。按照学生接纳程度及掌握程度，逐步达成目标。在写作教学中，可以通过教材所举文章及相关知识、资料，训练、培养学生的议论文思维。可以从较为熟悉的记叙文写作中汲取写作教学可借鉴的相关经验，从而帮助议论文写作教学的进行。同时，加强学生的议论文阅读及相关有利资料的阅读，读写不分家，多读多理解。此外，在议论文写作教学中，教师也要注重学生的兴趣引导，可以从仿写开始，步步深入。

议论文写作是非常重要的，初中阶段主要是打好基础，为高中阶段的议论文写作奠定基础。议论文写作教学中，教师的主导性与学生的主体性必须充分发挥，减少"灌输型""重理论轻实践"等问题的产生，并依据实际情况进行议论文写作教学目标的跟进。重视学生写作，必须重视议论文写作。

2. 读写教学中议论素材积累与运用的指导

在多年的语文学习生涯中，学生从小接触最多的是记叙文，因此，多年积攒的写作素材也都适用于记叙文，而对议论文的素材积累较少，运用也不是很熟练。这就需要教师在平时的阅读中加强对学生议论素材的积累和运用指导。

议论文是一种理论性、客观性很强的文体。议论文在素材方面也要求具有很强的哲理性，而这与学生的生活实际则有很大的出入，有一定的距离。教师应在平时的阅读课中指导学生如何挖掘议论素材，如何使用议论素材。素材的积累可以源于课内的议论文内容，高中语文课本的文言文中许多都是议论文体，其中就有许多的素材可以借鉴。例如必修一《劝学》一课中，作者用"青，取之于蓝而青于蓝；冰，水为之，而寒于水"两句，以及后面的"木受绳则直，金就砺则利"等事实来阐明"君子博学，而日参省乎己"的重要性。用"登高而招""顺风而呼"，假舆马者至千里，假舟楫者绝江河的道理来论证借助外物的重要性。教师在课堂的教学中都可以直接点出这些议论素材，指导学生做好积累，以做日后文章的素材。并在时间允许的情况下或者在阅读课中，以课文中的某个议论素材为中心，引导学生尝试举例课外的相关素材，范围不限，并做好记录，最后按古今中外的顺序与同学们一起整理，以做示范。

议论文除了道理论证和事实论证外，还可以用数字来论证。例如，对调查问卷的结果进行归纳和统计，通过数字百分比来查看其所反映的问题等内容。这些数字也可以做议论素材来积累和运用。而在学生的作文中，这种论证使用较少，需要教师在课堂中多加引导和示范，教授学生使用的方法和技巧，从而丰富学生的作文内容，提高学生文章的说理性。议论素材的运用大致可分为两个方面：一方面可以一材多用。同样的一个事件，可以从不同的角度，不同的方面去解析，去论证某个论点。另一方面，也可以用不同的事件来阐明一个道理，例如《劝学》中的议论。教师都应在文章学习过程中指导学生多加学习和效仿，为学生个性化论证模式的形成做准备。

3. 读写教学中论证逻辑与创新思维的培养

议论文具有很强的逻辑性和客观性，书写议论文除了要有明确的文体意识外，还要有充足的论据，准确的论点，严谨的论证逻辑，从而使文章具有很强的说服力，让文章富有条理性。

教师在平时的写作课中，应转变固有的教学模式，不断创新，尝试运用"读写一体化"的教学模式来训练学生的论证逻辑和创新思维。在教学过程中，不应单单注重读或者写的训练，将两者分割，而是将两者结合起来。一方面，要认识到阅读对写作的促进作用。阅读是输入环节，写作是输出环节。阅读就是为写作积累素材和经验，俗话说"巧妇难为无米之炊"，讲的就是这个道理。如果没有万卷书的阅读，也不会有如泉涌般的思绪。另一方面，也要认识到写作对阅读的促进作用。通过写作来检验学生对曾经阅读过的知识的掌握，同时也来检测学生在平时的阅读时未注意的问题和不足之处，从而进一步提高学生阅读和写作水平。将阅读和写作并重，让两者之间相互促进、相互发展，共同进步和提高。

故而，教师在讲一篇文章时，可以先让学生梳理文章的论证逻辑，进而让同学之间进行交流和补充，并让学生对这种论证逻辑进行点评，说出这种论证逻辑的优点和不足，这样可以让学生对该论证逻辑有更为深刻的了解和掌握。在课下让同学们搜集具有相似论证逻辑的文章，自主整理出它的论证方法和文章结构，通过阅读来进一步掌握议论文的论证逻辑。并选取一个主题，让学生多加训练，通过写来检验自己的掌握程度，从而发现自己的缺点和不足，为以后如何更加有效地阅读提供经验。

学生的写作素材大都缺乏新意，许多论证素材太过陈旧。因此，学生的文章也缺乏创新思维。文章模式和思维逻辑大都千篇一律，套用教师曾教过的"八股文"写作模式，进而使文章远离社会实际，不够新颖。教师应当对学生多加引导，鼓励学生大量阅读社会热点文章，并教授学生如何从新颖的角度去解读和使用素材，培养学生的思辨思维，不断进行创新性写作。

4. 读写教学中过程性评价的实施

在议论文读写教学过程中，评价起着重要作用。多元性评价有利于学生提高自己的阅读和写作水平。教师的评价和同学之间的评价对学生的写作具有一定的导向作用，让学生更加清楚地认识到自己的缺点和优势，以便在以后的阅读写作中能够充分发挥自己的优势，注意和弥补自己的缺点和不足。

故而，教师在平时的阅读和写作过程中要注意评价策略的运用。最为常见的则是及时性评价，即对学生的表现、作文的优缺点做出及时性的评价。例如，在学生写完作文的第二天给予准确的评价，找出其优点并给予表扬，以此来激发学生写作议论文的积极性，同时也要找出其突出问题，从而更好地改进学生的写作。在评价时最好对其作文的论点、论据、语言、结构等方面做出详细的评价，以此让学生更加清晰地知道自己的缺点和长处，对自己的写作水平有进一步的认识。同时，还应注意到评价主体的多元化，让小组之间互评，指出别人优点和不足以及值得自己学习的地方。让同学之间进行评价，有助于同学们博采众长，拓宽同学们的写作思路，认识到自己的缺点和不足，更新自己的论证逻辑，更好地提升写作。若条件合适的情况下，可以发挥家长的评价作用，让家长对自己孩子的文章做一个概括性的评价，或许许多家长做不到精准、专业的评估，但对学生写作也有一定的导向作用。

　　此外，教师还要做好阶段性评价，对学生的阅读和写作水平的近况进行准确的估测，从而安排适当的教学任务和内容。通过形成性评价，引导学生逐步认识到自己的缺点和不足，不断改进自己的学习方法和思路。如在现实教学中，上阅读课时，大部分教师仍采用"放养式"教学模式，这种方法收到的效果是微乎其微的。因此，教师可以通过过程性评价对学生的阅读进行有效的指导。大多数学生的读书笔记采用的方式为摘录式，大都只是摘抄一些优美的语句或段落。教师应多多鼓励和引导学生对一篇文章采用不同的形式进行整理，除了摘录式，还应该多多尝试提纲式、仿写式、译注式等方法。此外，让同学们之间进行互评，分享不同读书笔记整理方式的优点和整理过程中的收获，从而鼓励学生学会运用多种方式来整理读书笔记，提高阅读效率，更好地促进写作。让学生拿自己的文章与所读的文章进行比较，寻找自己的差距和不足，进而找出自己阅读时未注意到的点，让阅读进一步促进写作的提高。

　　5. 议论文写作教学设计方法

　　要写出好的议论文，有必要从一个清晰的论点开始。议论文不仅可以说服理性的人，而且可以感动人，收集一些具有强烈的情感色彩的论点，选择一种论证方法，并按照一定的结构进行讨论，以使论点合理和清晰。

　　初中阶段议论文的写作常用方法包括示例论证（事实论证）、理论论证（引用论证）、比较论证和隐喻论证。以写尊重老师的作文为例，首先，让学生树立正确的观点。"万事开头难"，如果能在激发读者的阅读兴趣以及巧妙地论证的基础上做文章，那么一开始就非常关键。可以举一些在现实生活中不尊重老师和教学的例子，还可以展示一些生活现象。其次，巧妙地选择论点。一些学生写议论文，他们的脑海里只有一些经典以及一些有关尊重老师的名人名言，从而不能很好地选择吸引读者的论点。教师可以指导学生在写作之前写论文大纲，学习使用事实论证和推理方法来撰写简单的议论文。老师指导学生复习他们学到的一些课文，并进一步理解如何在复习中安排课文的结构。让学生尝试编辑文章结构的轮廓，并在规定的时间内完成写作。

议论文写作《〈南京南京〉观后感》教学设计案例：在论证写作教学的设计中，首先要从议论文的表面指导出发，引导学生辩证地看待问题，并引导他们学会与电影中问题联系起来。在作文课上，让学生评估电影中动人的事迹并说出自己的感受。最后，进行"感性"练习，加强实践训练，对学生进行一些简短的"感性"分析，然后为学生分配任务，加强学生对社会现象、校园生活的看法和观察与思考。最后老师进行纠正和指导。

案例分析：在课堂上，为学生的"感性"打下基础，告诉学生书写感想的作用，并亲自挑选一些简短的"感性"例子来帮助学生进行分析。之后，为学生播放了爱国电影《南京南京》。看完电影后，学生被电影中的情节所感动，促使他们自发地撰写电影评论和自我经验。在学生写观后感之后，选择几个学生代表来解释他们的观后感。学生在自由表达的写作课上表达了自己真诚的感情、充实的内容，并拥有自己独特的见解。整个教学过程非常有意义。在这样轻松愉快的氛围中，可以鼓励学生自愿、快乐地写作。通过这种教学的设计，学生可以在真诚的情感氛围中激发写作的意愿和灵感。在充满情感的情况下，学生的写作才不会有空洞的文字和陈词滥调的应对现象。通过学生的积极演讲，加深了师生之间的互动与交流，同时，也增强了学生真诚而自然地讨论文章的体验。这种随意风格的课堂设计更易于学生接受。

三、说明文写作教学目标梯度及系统化设计

（一）说明文写作教学目标梯度分析

1. 初中说明文写作教学总目标

初中语文说明文写作教学目标是说明文教学活动的出发点和落脚点。如果说，初中语文说明文教学目标是教师对于学生学习说明文后将要达到的学习结果的预期，那么，说明文写作教学目标的有效设计就离不开教师对于学生学习结果的合理预设和正确陈述。

新教学大纲中说明文写作目标为：

·能在 45 分钟完成不少于 500 字的说明文。

·能根据写作要求搜集整理有关资料，并较为恰当地在写作中运用。

·能根据写作要求，学会使用说明这种表达方式，并较为恰当地运用基本的说明方法、说明顺序，有意识地采用常见的说明结构，进行语言表达准确严谨、条理较为清晰的写作训练。

·能针对不同的阅读对象，在准确介绍事物、阐明事理的前提下，选择不同的语言风格进行表达，使文章通俗易懂、明白晓畅，甚至体现出一定的科学精神和科学思想方法。

2. 初中说明文写作教学单元目标

初中说明文课文一共 9 篇，主要分布在八年级上册的第五单元和八年级下册的第二、三两个单元。在各册教材中，每个单元的单元说明各不相同。因此，语文教师在熟知语文课程标准中的总体目标和学段目标的基础上，应该以整体发展的眼光去研究语文教科书，熟悉教科书中说明文选文的体系安排和单元说明，"把具体的课文置于一个大的系统中去研究"，从而确定说明文写作教学的具体目标。

此外，教师还需要留心单元内具体文章的排列情况，揣摩教材编写者

的特殊用意，思考单篇说明文具备的文本特点和这一类文章共有的个性特征，进而深入思考说明文选文的写作教学价值。

表 2 – 5　统编本语文教材中说明文写作教学单元目标分析表

项目册次	单元	主要教学目标	相关篇目
八上	第五单元	学习说明事物要抓住特征。 1. 要认真观察事物的外部特征。如方位、颜色、形状、大小、长短、规模等。可以将该事物与其他事物进行对比观察，对观察到的外部特征进行准确的概括、确切的描述。 2. 要注意表现事物的内在特征。任何事物总有其功用、特殊价值和文化意义等。这些内在特征不是单靠眼睛观察就可以抓住，需要通过对相关文献资料的研究分析才能发现，有时甚至还需要通过试验、调查等才能准确把握。 3. 对事物各方面的特征进行比较、归类、分析、筛选，从中找出能够统帅全篇说明内容的核心特征。这在说明比较复杂的对象时尤为适用。	《中国石拱桥》《苏州园林》《蝉》《梦回繁华》
八下	第二单元、第三单元	学习说明的顺序。说明文介绍事物或阐明事理，目的都在于让人获得知识。 1. 除了需要准确抓住事物的特征，讲究说明方法外，还要合理安排说明顺序。合理的说明顺序有助于充分表现事物或事理本身的特征，也符合人们认识事物或事理的规律。 2. 说明顺序有时间顺序、空间顺序和逻辑顺序。写作实践中采用哪种顺序并非一成不变，而是要视具体情况而定。通常情况下，一篇说明文往往以一种顺序为主，兼用其他顺序。如《中国石拱桥》整体上采用的是从概括到具体的逻辑顺序，而在举桥梁例子的时候，则采用了从古到今的时间顺序。	《大自然的语言》《阿西莫夫短文两篇》《大雁归来》《时间的脚印》

3. 初中说明文写作教学具体篇目目标

表 2 - 6　统编本语文教材中说明文写作教学具体篇目分析表

册次	单元	具体篇目	写作教学目标层次分析
八上	第五单元	《中国石拱桥》	理解说明文写作语言的准确性；掌握说明文写作的说明顺序，发展理性思维能力。学习列数字等说明方法，培养求真务实的科学写作精神。
		《苏州园林》	了解本文的结构及说明顺序。培养写作兴趣，提高整体写作能力。培养阅读兴趣，注重写作教学形式的多样化，理解说明文语言的准确性，学习说明文语言的准确性。
		《蝉》	学习文章委婉轻柔、自然流畅的语言风格，正确、流畅地朗读课文，学习本文欲扬先抑的写作手法。掌握本篇说明文的写作思想，明白作者通过文字信号表达的意思，以及作者是如何通过写作一步一步来实现这个目标的。
		《梦回繁华》	了解课文主要内容，理清文章的结构层次。学习本文围绕说明对象的特征，条理分明、细腻具体介绍《清明上河图》的写法。揣摩本文说明语言的特点，领略这一国宝级画作的美，培养鉴赏、审美能力。
八下	第二单元、第三单元	《大自然的语言》	学习说明文准确、生动、优美的语言写作特点。学会处理收集到的资料。培养发散性的写作思维。根据新课程标准中的要求，培养处理收集分析信息的写作能力，锻炼写作思维能力。
		《阿西莫夫短文两篇》	把握文章的说明对象，培养爱好科学、主动探寻自然奥秘的精神。了解科技说明文的特点。学会条理清楚、层次分明地说明事物的逻辑顺序。通过比较两篇短文，了解它们因为说明的问题不同，所以说明的角度也就不同的特点。能够提纲挈领地把握文章的内容；学习作者运用准确、平实的语言将深奥的科学理论说明得浅显易懂，使广大读者易于接受的方法。

续表

册次	单元	具体篇目	写作教学目标层次分析
八下	第二单元、第三单元	《大雁归来》	体会本文的写作特色。增强语感，提高语言表达能力。训练写作概括能力、理解能力。培养热爱自然，珍爱野生动物的感情。在写说明文的过程中，知道起关键作用的词汇，能够分析其用法。
		《时间的脚印》	掌握文中的说明方法以及表达方式，理解文章的结构顺序；掌握题目所提出的问题；弄清本文的说明层次；找出本文的说明方法；体会本文语言的生动性、准确性，能够完美地归纳每一段的中心思想，在写作当中能够运用起承转合，把握文章的写作思路和作者叙事表达的手法。

　　从知识与能力目标上来看，在初中语文说明文写作教学过程中，要让学生掌握说明文的文体特征。特别注意的一点是让学生知道说明文的语言美与其他文体不同，说明文的语言美体现在它的准确性和科学性上，所以在写作过程中，学生要保证说明文的准确性和科学性。并且在说明文写作教学过程中，还要注意文章结构，说明文一般都会有清晰的顺序，这也是学生在说明文写作中要掌握的一项重要能力：要有一定的文章结构，有逻辑性。此外，在说明文教学过程中，还需要让学生掌握举例子、列数字、打比方等写作方法。

　　从过程与方法目标上来说，说明文对结构和语言的要求比较高，首先从教材出发，带领学生从课本中的每一篇说明文中进行学习，不同的课文中所包含的有关说明文的知识点不同，所以先通过课文让学生对说明文进行感知，在讲解完每篇课文后，再对说明文的知识点进行拓展，帮助学生对说明文进行深入的了解。每次的学习后都会让学生进行练习，最后让学生进行整体的写作。

从情感态度与价值观目标上来看，说明文并不是没有情感表达，它本身就具有人文情感，但是它所表达的是更科学的人文情感。因此，在说明文写作教学中要引导学生去理解说明文中所呈现的情感因素和表达出的深刻的人文哲理。

（二）说明文写作教学的基本内容

因为说明文的特点是以说明为主，内容的严密性、说明的生动性、语言的准确性是其三个要素。说明文教学要让学生明白说明文就是对事物的状貌、性质、特征、成因等加以说明和解释的一种文体，目的是给人以科学的知识和科学地认识事物的方法。通常有事物说明文和事理说明文。为了使说明的对象更清楚、明白，让读者更容易理解，并对事物留下深刻的印象，写说明文时首先要抓住说明对象的特征，其次要恰当地安排说明的顺序，正确地使用说明的方法，还要在语言的运用上下功夫，无论是平实的说明还是生动的说明，都要力求语言准确、简洁、周密。所谓"特征"，就是一种事物区别于其他事物的特别显著的标志，也就是该事物与其他事物的不同之处。因为每种事物各有特征，其形状、性质、成因、功用等都各不相同。即使是同一事物，其结构变化、功用等在各个部分、各个阶段也有很大差别，各有各的特点。因此，只有写出说明对象的特点，才能使读者了解该事物。

要抓住事物的特征。一是要对说明对象做仔细、全面、深刻的观察。因为观察是认识客观事物的重要途径。二是对事物要做认真比较，既要掌握说明对象的共同之处，更要发现它们的不同之处。说明对象主要有事物、事理两种类型。不同类型的说明对象，其特征表现各不相同。对于事物，可以从它的形状、构造、演变及功用等方面了解其特征；对于事理，可以从它的本质属性、内部规律、原理等方面了解其特征。三是扩大生活视野和阅读范围，不断丰富知识、积累写作材料，做到尽可能多地熟识客观事物。

说明文的写作顺序有时间顺序、空间顺序、逻辑顺序等。例如：《中国石拱桥》对赵州桥和卢沟桥的说明采用的是地理位置、修建时间、结构特征的逻辑顺序；《故宫博物院》对故宫建筑物的说明采用的是空间顺序；《大自然的语言》对一年四季的物候景观的说明采用的是时间顺序，而对影响物候现象来临的因素的说明则采用由主到次、由大到小的逻辑顺序。

说明文写作的目的是给人以科学的知识，它要求如实地反映客观事物。所以在语言的运用上一定要注意准确而无失误、简明而不含糊啰唆、周密而无疏漏。当然，在不影响其科学性的基础上可运用一些生动的语言以使说明的对象更形象、更有趣，从而引起读者的阅读兴趣。

（三）说明文写作教学现有相关教学设计分析

1.《苏州园林》教学设计

【教学目标】

学习本文简练、生动的语言，体会文章的语言美；梳理文章的写作思路，培养有条理地说明事物的能力；感知园林的画意美，体味苏州园林深厚的文化底蕴。

【教学过程】

活动一：设计苏州园林

朗读全文，根据课文内容以设计者的口吻简介苏州园林的建筑设计。

活动二：游览苏州园林

再读课文，以游人的口吻谈谈游览苏州园林的感受。

（1）填空。依照"苏州园林有_____之美，你看_____"的句式谈游园感受。

（2）仿句。"池沼里养着金鱼或各色鲤鱼，夏秋季节荷花或睡莲开放，游览者看'鱼戏莲叶间'又是入画的一景"，作者引用诗句形容园林的景致，你能仿照这句话，选择园林中的一幅图画，引用合适的诗句来形容园林中的其他景致吗？

活动三：介绍苏州园林

苏州园林如此之美，令人神往。可惜不是所有人都有机会去游览苏州园林。一个热爱园林的苏州人，想对外界宣传苏州园林，向没去过苏州、不熟悉苏州园林的人介绍它，让读者神游园林，感受园林之美，该如何介绍呢？

提示一：选择合适的内容

讨论：是站在设计者的角度介绍，还是站在游览者的角度介绍？

讨论：说明设计意图、设计原理与介绍游览的感受时所用的语言有没有区别？以第5段为例品析语言。

提示二：合理地安排顺序

讨论：园林属于建筑物，以前学习的介绍建筑物的说明文，如介绍纪念碑、中山陵、凡尔赛宫等的说明文，主要采用空间顺序。如果介绍众多园林的共同特点，按什么顺序比较合理？

活动四：鉴赏苏州园林

（1）讨论：于园与苏州园林设计思想上的共同点。

（2）追问：无论于园还是苏州的一百多处园林，在古代大多是私家园林，主人为什么要费尽心思设计建造这样的园林呢？

活动五：设计自己的“园林”

借鉴中国传统园林在设计上的特点，为自己设计一处理想的后花园。学习《苏州园林》的写作方法，向大家介绍自己设计的“园林”。要通过寻找关键句，获取苏州园林的主要信息。

推荐阅读凤章的《苏州园林》、余秋雨的《白发苏州》。

[点评]

这篇教学设计主要针对《苏州园林》的教学，而不是针对写作，大篇幅地讲述教学，在最后突然抛出一个作业，整体感觉这个作业还是比较应景，能够紧扣自己的教学，让学生设计自己的后花园，这本身就是课堂的进一步的学习。

我认为将"通过寻找关键句，获取苏州园林的主要信息"，作为《苏州园林》写作教学内容的落点，是比较合适的。优秀教师的课例从侧面印证了这种教学内容的选择，好的教学方法是为了实现正确的教学内容，应该：先内容，后方法；为内容，定方法。说明文旨在通过文章就某一现象或某一物品对读者进行科普。所以，用关键词与举例就成了最重要的。整体来说，文章用词妙趣横生、举例合适恰当。最终达到浅显易懂、不枯燥、不乏味，能带起读者浓厚的兴趣，就可以说是一篇极好的说明文。也许有人会说：科学是极其严肃的，怎么能和妙趣横生扯上关系。我的回答是：一、说明文是给普通大众看的科普文章，并不是严格意义上的学术文章，只要不违背最基本的科学原则就可以；二、严肃不等于枯燥乏味。

其他方面，活动一"设计苏州园林"引导学生从设计者的角度来概述苏州园林的特点，通过角色转换帮助学生快速进入文本。活动三"介绍苏州园林"让学生学习怎样通过简练生动的语言与合适的说明方法和顺序，来清楚地介绍较复杂的事物，可以说是正确的教学内容。同时，教学预设中教师的点拨紧扣关键词句，指向性明确。

2.《大自然的语言》教学设计

教学目标：

1. 默读全文，全班讨论，筛选文章主要信息，准确理解文章核心术语。

2. 创设情境、小组探究，深入理解"物候"的相关知识，并据此总结相应的阅读方法。

3. 迁移运用，拓展阅读《物候在农时预报中的运用》等文章，深入理解文章内容，完成相应练习。

教学活动安排：

活动一：画出关于"物候"的知识中你认为重要的关键句，并进行概括。明确物候和物候学的概念、物候观测对农业的重要意义、决定物候现象来临的因素、研究物候学的意义。（注意引导学生明确例子为说明结论服务的特点）

活动二：据文章内容和自己的理解，完成 200 字左右的"物候"知识简介，要求包括"物候和物候学的概念""物候观测对农业的重要意义""决定物候现象来临的因素""研究物候学的意义"等内容，语言要概括简练易懂。

活动三：绘制简图（如经纬图），分析书中第 6 ~ 10 段的例子，具体解析影响物候现象来临的因素。根据文章内容，解决现实生活中的具体问题（提前打印下发），并对影响物候因素的条件进行补充。问题如下："人间四月芳菲尽，山寺桃花始盛开。长恨春归无觅处，不知转入此山中。"（《大林寺桃花》）谈谈你对这首诗的理解。

［点评］

根据文章内容和自己的理解来完成物候的知识简介，这其实就是一个作文布置，这个要求比较明确，提示语言要准确易懂。包括让学生必须要写概念意义因素等内容，可以说是照顾到了说明文写作的几个要点和特征。要求准确、简明。准确指用词造句要合乎语言规范，做到表达严密、修饰恰当、概念确切、判断无误。简明就是要求语言简洁、明晰，没有啰唆现象出现。但是如果学生每次写作说明文都停留在了解所说明的内容上，其写作将永远是浅层次的。有些阅读要达到深入理解，这就需要引导学生做更多的认知加工。

其他方面，要求学生学会说明文所介绍的知识，这也是学习说明文的难点。这往往不能一步到位，而是需要建立在筛选主要信息、正确理解主要信息的基础上，再进一步进行认知的精细加工。其次，层层铺垫，逐渐深入。筛选信息，初步理解课文内容，比较对术语的不同解释，准确理解课文内容。再次，不满足于学生对课文的深入理解，注意引导学生反思和总结，深入理解课文的相应阅读方法，并加以运用。这体现在进行阅读指导上，而不是停留在对科学知识的理解上，这就是科学课和阅读课的区别所在。

学生的学习，只有经过初步理解、正确理解、深入理解、反思方法、再次运用，才可能形成坚实的阅读能力，以便日后在学习和工作中加以运用。

3. 《时间的脚印》教学设计

这是一篇自读课文，其所在单元有两篇教读课文，分别是《大自然的语言》和《阿西莫夫短文两篇》。

《大自然的语言》的教学重点是：

（1）节选文章的主要信息，理解其中阐述的事理。

（2）理清文章的说明顺序。

《阿西莫夫短文两篇》的教学重点是：

（1）把握文章阐述的事理，激发爱好科学、主动探索的精神。

（2）梳理文章内在的逻辑关系，体会事理说明文的特点。

由这两篇教读课文的教学重点，可以看出这一单元教读课文的教学重难点是筛选主要信息、梳理文章内在的逻辑关系和理清文章的说明顺序。

教学安排：

活动一：默读全文，感知主要信息。教师指导学生以每分钟500字左右的速度默读全文，从现象到本质，筛选主要信息。

活动二：教师引导学生提炼出主要信息，并投影展示：①关注单独成段的句子；②提取关键词。

活动三：教师引导学生回顾教读课上学过的事理说明文的说明顺序，并投影展示逻辑顺序，包括先总后分、从概括到具体、从现象到本质、从主到次等。

活动四：写作训练任务。要求：随着经济的发展，手表这种东西逐渐走进千家万户，但是琳琅满目的手表，它们的定位功能、外形和价格都不一样，即使是同一个手表，介绍给长辈和介绍给弟弟或妹妹，在说明上还是会存在细微的差异，以此为题写一篇说明文。

[点评]

说明文的实用性强，一般比文学作品、新闻报道、报刊中的思想评论的阅读面更小，读者身份更加确定。如导游的一段解说词，就只针对这一批游客或参观者。老师这个作业的布置确实很明确。

在特殊的交流环境中，面对确定的交流对象，表达者的文章写作就不能完全从自己的立场出发去考虑问题，而需要站在听众或读者的立场上考虑问题，包括他的知识背景、阅读习惯、生活方式甚至他的经济条件。他可能对哪些内容感兴趣，而对哪些内容不感兴趣；哪些原理他能够接受，哪些可能有排斥。然后根据这些去选择说明内容，确定说明重点，斟酌用什么样的说明顺序、说明方法和说明语言。

当然，如果要说改进的话，教学中还可以把读者的特点再具体一些，对写作的作用更明显一些。比如引导学生进一步细化预设：在我自己的家庭中，亲人的关系是怎样的，爸爸、妈妈的性格特点有哪些，我平时与他们交流信息、表达感情的方式如何等。这样的情境细化，不仅使写作任务的情境性更强，写作也具有个性。

4. 描写生活中的桥——说明文写作教学设计案例

活动要求：学生观察自己生活中的真实桥梁，并做出解释。

具体要求：

①熟悉事物，把握事物的特征进行解释。

②学习使用生动、准确和多变的语言来表达事物的特征。

③可以按照适当的顺序进行说明。

④根据描述对象，可采取适当的解释方法。

评价方法：

①自我评价。根据教学要求，学生对自己的工作做出相应的判断。这时，教师应该给出一个可操作的判断标准。例如，对于完整的叙述，可以给70分；对于清晰的特征，可以给80分以上；对于正确的感知和生动的语言，可以给90分以上。

②相互评价。在四人小组中，学生互相评论并表达自己的观点。指定的组长记录并发表适当的评论。根据写作要求，同学们自我评价和相互评价，然后推荐出色的作文在课堂上进行交流。

③教师评价。教师在通读全班学生的作文的基础上，根据相互评价的情况，精心选择一些作业。

④课堂评价。在复习过程中，教师会选择一些优秀且具有代表性的作品，并在全班进行交流和评估。学生自己在全班大声朗读，其他学生进行评估，最后老师进行整体评估。这样，在交流的过程中，一些优秀的作品可以被其他学生吸收，同时激发学生对写作的热情。

［点评］

描述生活的"桥梁"从生活开始，并引导学生观察。同时，它还指导学生对生活写作的愿景，为他们提供了丰富的创作资源。在学生写作之前提出明确的目标和要求，使他们有可遵循的"法律"，不会感到迷茫。

（四）说明文写作教学设计建议

在当前的初中作文教学中，说明文写作是最薄弱的环节，普遍存在着只重视记叙文、议论文的写作，而往往忽视说明文写作的不良倾向，出现"教师不爱教，学生不爱学"的尴尬局面。究其原因，主要有以下两个方面：一是受应试教育和考试的影响，特别是近年来中考作文要求对文体不加限制，更严重弱化了教师对说明文写作的教学。二是学生的学习兴趣不足，对于初中生来说，写说明文不仅枯燥无味，比起记叙文和议论文也更加难写。一般情况下，写记叙文都是一些生动有趣的故事，"我"或是主人公，或是见证者。而写说明文皆是些严谨的科学知识，即使有时写的是生活中经常见到的，如房子、锅碗、树木、花草等，但是要把这些写成文字，却无从下手、难以成篇。在说明文写作教学中，可以从以下几方面入手：

1. 巧设目标，激发兴趣

学生对说明文写作敬而远之的一个重要原因还在于说明文作文题目的枯燥和内容的乏味。因此，我们可以尝试从学生的生活实际出发，巧妙设置写作对象，让学生有冲动想写、有内容可写。比如以"我最喜爱的一件用品"作为写作对象，学生可以写的东西就很多了，可以是文具盒、铅笔之类，也可以是钟表、自行车之类的，等等。选择其中一件来说明它的名称概念、分类归属、结构成分以及形状、颜色、功用等，有的用品或许还有些来历和特殊意义，加上这些内容，就形象、生动很多。

说明文作为一种常见的文章样式，在社会生活的各个方面应用都极为广泛。教师可以通过举例，引导学生提高对说明文实用性特点的认识。比如"当学生向身边的人介绍某一事物、某本小说或是某部电影，甚至是回答别人问的数理化问题时，实际上都是在进行说明文写作，只不过是'口头写作'，倘若学生把说的付诸纸上，那便成了一篇基础的说明文"。在提高重要性认识的基础上，应采用不同的方式方法，激发学生写作说明文的兴趣。

例如，教师为了引起学生对说明文写作的兴趣，在教学之前创设一种情境，并在教学写作中引入新的课程，以如下方式导入：

单元解释性文本的研究拓宽了我们跨学科全面学习的视野，并且我们已经学习了有关生物学、环境等方面的科学知识。更重要的是，激发了我们对科学的热情。今天，我们正在学习创建简单的论文解释，重点是训练解释顺序的排列方式，使文章写得更清晰，以便读者可以准确地掌握事物或事物的特征。

然后，指导学生写说明文。老师指导学生回忆《大自然的语言》的写作顺序。结合生活中的一些现象进行仿写练习，对其进行归纳。解释决定物候学问世的因素，因为这四个因素的影响是从大到小的，所以安排是有序、有组织的。前三个都是空间因素，最后一个是时间因素，条理更清晰。又如，蜻蜓通常以三到五为一组成群飞行。它看起来像一架飞机，但其飞行技巧远胜于飞机。对其进行评析，"蜻蜓和飞机作比，打比方贴切生动，做比较突出了蜻蜓的飞行技巧高超"。最后对学生学写说明文的方法进行点拨。

2. 指导观察，积累素材

对于初中阶段的学生来说，说明文之所以难写的一个重要原因就是没有写作素材，不知道写什么。而一篇正确的解说文必须来源于丰富的知识，再加上写作的技术，才写得成。这里丰富的知识来源于日常素材的积累。由于中学生观察的自觉性和观察的能力普遍不高，这就要求教师进行有组织性和针对性的指导观察。在指导时，不仅要提出具体、严格的要求，更要教给学生观察的方法，以帮助学生获得具体准确的材料，从而克服说不清楚、说不准确的毛病。

　　首先，开拓学生思路，引导学生仔细观察平时周围所见之物，广泛查阅各种资料，发现和搜集材料，并将它们记录下来，以备写作之用，采取多种教学方法，尽量让学生在实际生活中接触感知，使学生对各种大自然中的事物以及社会中的各种形象进行深入了解和感受。因为只靠纸上的资料获得的知识较为死板，可以组织学生问有经验的果农、相关的技术人员以及生物老师。

　　其次，观察要由外到内，由现象到本质，抓住事物的特征。所谓"特征"，就是一事物区别于其他事物的标志。抓住事物的特征，会使我们对被说明的事物有一个清晰深刻的认识，写起来也会更加得心应手，言之有物。

　　以课文《苏州园林》《中国石拱桥》《看云识天气》为例。《苏州园林》紧紧扣住苏州园林"务必使游览者无论站在哪个点上，眼前总是一幅完美的图画"这一设计上共同点的特征，从亭台轩榭的布局、假山池沼的配合、花草树木的映衬、近景远景的层次等四个方面具体说明了这个特征；在《中国石拱桥》一文中，作者牢牢地抓住了石拱桥拱形的特征来写作，同时又通过赵州桥和卢沟桥的举例来说明这一特征；而在《看云识天气》一文中，作者则是紧紧抓住变幻无常的云彩和变化的天气之间的相关程度来写这一特征。

　　以上三篇课文给了我们读者一个启示，作者之所以写得好，主要是由于他们经过了长期而细致的观察、研究、分析，积累了第一手素材资料，且在说明事物时能够紧紧抓住事物的本质特征。

　　3. 组织语言，构思结构

　　一般情况下，我们可以把说明文的结构大致分为三部分：第一，引说部分，即引出说明的对象；第二，主体部分，即描述说明的对象；第三，收尾部分，即概括归纳说明的对象。从描述说明的对象部分来说，因为段落层次之间的不同关系，形成了递进、并列、总分、连贯等多种结构形式。连贯式和总分式大多运用于事物说明文中，而并列式和递进式大多运用于事理说明文中。初中说明文写作阶段，大都为事物说明文写作。在写作中，要注意依据说明顺序和事物的内部联系来安排文章结构，要考虑多种因素，比如怎样开头和结尾，采用哪种结构方式，是总分，还是分总，采用哪些说明方法等。比如《苏州园林》一文采用总分式的说明结构，在文章一开头就提出了苏州园林的整体特点，然后再从园林的各个角度进行分别说明。教材中还特别谈到："要特别注意说明文语言的运用，看它是否准确、简明、周密。"因此，教师在指导学生写作说明文时，也应朝这个方向努力。但是，一些初中生在进行说明文的写作时，总是想尽方法让自己的作文语言更加优美、生动，从而选择过多的描写性词句，结果造成华而不实、修饰过当，影响了说明文的最大特点——科学性。其实，在写说明文时，可以运用一些修辞方法和描写手法。我国著名教育家叶圣陶老先生说："说明文不一定就是板起面孔来说话，说明文未尝不可以带点风趣。"在有些时候，为了把说明对象的特征、本质及其规律性说得既具体生动，又通俗易懂，也常常需要运用描写性文字和修辞手法，但这些修饰手段的运用必须在说明的准确周密的基础之上。如《看云识天气》中对卷云和积云的描写，"卷云丝丝缕缕地飘浮着，有时像一片白色的羽毛，有时像一块洁白的绫纱"，"还有一种像棉花团似的白云，叫积云"。"羽毛、绫纱、棉花团"，这样生动形象的比喻，却准确抓住了云最明显、最突出的特点，使人一读便可以认出天上的云属于哪种。

第三章

写作教学目标的教材定位与主动调节

一、写作教学目标设定的依据和原则

课堂教学目标是课堂教学活动的灵魂，也是每堂课的方向标，是评价教学是否有效的依据。有教学目标的指引，学生才能成为积极学习的行动者。对于写作教学来说，教学目标要呈一定的发展梯度，形成目标系列。在系列化的教学目标引领下开展专项或综合性的写作教学活动，才能渐进地、持续地推进学生写作思维、写作技能的发展，最终形成写作素养。写作教学的目标具有导向功能和测评参照的作用，写作目标设置是否科学、合理，直接影响写作教学的实施效果。

（一）写作教学目标设定的依据

初中阶段是学生写作能力形成与发展的关键时期，写作教学要注重对学生写作动机的激发，合理科学地安排教学目标。教学目标的设定应主要考虑以下因素：

首先，符合语文课程标准的要求。《义务教育语文课程标准（2011年版)》（以下简称"课标"）作为国家课程的基本纲目文件，将国家对语文教学的基本规范和要求体现在各个学习环节，规定了学生在各个学习环节需要掌握的基本语文知识和技能，是语文教材写作目标编写的重要指标和依据。课程标准从写作教学的目标、具体教学建议、教学评价以及教材编写建议等方面对写作教学做出了详细的规定。写作目标的设定要严格遵循课标写作总目标的大框架，满足不同层次水平的学生需求，符合初中生心理发展认知特点，体现创新精神，注重对学生写作动机的激发，目标安排合理科学。

其次，符合学习层面相关理论要求。语文教材的写作体系必须考虑学生的学习特点，关于学习的理论有很多，与写作相关的理论主要有仿效理论、目标理论等。这些理论从一定角度为教材写作目标的安排提供了指导。如仿效理论的一种观点认为，仿效的一项重要功能就是观察学习，而观察学习又由四个子过程组成：注意、保持、复制和动机。① 动机是关键，它启示我们，要激发学生的学习兴趣，必须使教材符合学生的学习兴趣，提高学生的学习动机。七年级第一册第一单元的写作目标是"热爱生活，热爱写作"，本单元的写作目标是激发学生的写作兴趣，为学生写作能力的不断提高打下基础。再如"目标理论的一个特点就是强调不同类型的目标如何影响成就情境中的行为。其中一种区分就是学习目标和操作目标。学习目标指学生要掌握的知识、行为、技能或策略，而操作目标指学生要完成的任务"。② 语文教材写作体系的建立需要确立每个课时、每个阶段的学习目标，进而指导教师合理安排写作教学任务，目标理论的两个目标主要体现在每个单元的"写作主题"和"写作练习"部分。

再次，符合读写结合理念。语文教学的两大重要内容是阅读和写作。阅读是文字符号通过视觉器官作用于大脑，主体接收、储存、处理信息并进行感知记忆的过程。阅读侧重欣赏借鉴，让读者获取知识与技能。写作

---

① ［美］戴尔·H. 申克. 学习理论：教育的视角［M］. 韦小满等，译. 南京：江苏教育出版社，2003. 85.
② ［美］戴尔·H. 申克. 学习理论：教育的视角［M］. 韦小满等，译. 南京：江苏教育出版社，2003. 325.

侧重表情传意，通过写作表达思想，沟通情感。从学习的迁移理论来看，阅读和写作相互迁移的理念即语文教学中的读写结合，其本质是在阅读和写作的学习情境中寻找共同的元素。阅读教学中的概括段意、归纳中心思想、比较词语、分析结构安排和详略关系等内容与写作中的审题立意、突出中心、遣词造句、布局谋篇等一一对应，正是因为有了这些对应，阅读与写作才能够相互印证，相互迁移。新版初中语文教材的写作板块安排在阅读板块之后，单独置于各个单元中，写作板块贯穿初中阶段七至九年级语文教材全六册课本，写作内容在独立编排、自成体系的基础上又与阅读板块的内容相互关联，阅读课文主要学习了哪些内容，相应的写作指导与训练就在写作板块有所展现，体现了"读什么"就"写什么"的读写结合理念，写作板块如此设置有助于引导学生更系统地达成每个单元的学习目标。

除此之外，教学目标的设定一定要考虑学生的学情，从学生的实际出发，以学生为主体。皮连生教授在《学与教的心理学》书中指出："根据学生原有知识基础进行教学乃是教育心理学中最重要的原理。"①要符合学生的学习需求、能力基础和思维特点。在设定目标时要注意以下三点：一是利于激发学生的写作兴趣，二是利于培养学生的写作思维，三是写作目标贴近学生的生活实际。

写作教学目标设定要能够激发学生的写作兴趣。在以往的写作教学中，学生写作热情不高的原因很多，其中之一就是教材的写作目标不能激发学生的写作兴趣。统编本初中语文写作目标的编写特别注重学生写作兴趣的培养，写作知识有一个明显的特点，即它与所选文本密切相关。它经常以本单元所选的课文为例来讲解相关知识点，并通过所选课文的具体表

---

① 皮连生．学与教的心理学［M］．上海：华东师范大学出版社，1997.

现来更直观地讲解写作知识，使学生能够轻松地接受它，达到读写结合，每个单元的写作练习都有不同的写作难点和任务，使学生具有充分的自主性和选择性，同时，更方便教师进行写作教学。每个单元的写作目标都充分尊重学生的自主性，这样可以减少学生对写作的恐惧，提高学生的写作兴趣。

写作教学目标要指向学生写作思维的培养。《义务教育语文课程标准（2011年版）》总目标提出"发展思维能力，学习科学的思维方法"，① 主张培养学生的思维能力。统编本初中语文写作目标的安排非常重视对学生思维的训练和培养，比如在七年级上册"发挥联想和想象"这一专题的设置，想象力是每个人都应该具备的一种最基本的思维能力。此外，如果我们观察其他单元，我们会发现每个单元的写作专题都特别地注重学生思维的培养，增强了教师和学生对思维训练的重视。七年级上册第四单元"思路要清晰"中则传授学生如何让作文思路清晰。"思路要清晰"主要要求学生在写作过程中表达清晰有序，注重思维的逻辑性。九年级上册第二单元"观点要明确"中要求学生在确定写作观点之前要对问题进行清晰的思考，避免出现态度和语言不清晰的情况。这种写作目标的安排既能满足课标对思维培养的要求，又能帮助学生提高自己的写作思维能力，促进学生语文核心素养的实现。

写作教学目标要贴近学生实际。美国教育家涅克认为"语文学习的外延与生活的外延相等"，② 也就是说，语文学习和实际生活是密不可分的，两者不可分割。叶圣陶先生认为："生活就如源泉，文章犹如溪水，泉源丰盛而不枯竭，溪水自然活泼地流个不歇。"③ 叶圣陶先生认为生活对写作

---

① 中华人民共和国教育部. 义务教育语文课程标准（2011年版）［S］. 北京：北京师范大学出版社，2012.2.

② 韦志成. 作文教学论［M］. 南宁：广西教育出版社，1998.35.

③ 叶圣陶. 叶圣陶语文教育论集［M］. 北京：教育科学出版社，2015.205.

有很大的影响，需要善于从生活中发现，在生活中不断创新，写作时，学生们常常感到无话可写、无话可说，这种情况的根本原因在于学生和写作之间的距离远，为了改变这种状况，有必要将学生的生活和写作实践结合起来。统编本初中语文写作目标的编写者正是看到了这一点，以具体题目为例，七年级第一单元"热爱生活，热爱写作"，对应了学生走进初中，接触新环境，结识新同学的生活，要求学生从所见所闻中选择一个角度来写作，激发学生学习写作的兴趣。这样，写作目标不仅与学生的现实生活密切相关，而且给作文增添了真实感，让学生有话可说、有话可写。

当前的统编本语文教材很好地实践了上述原则，是语文教师在设计教学目标时的主要依据。但是在写作目标、教学目标设定方面，存在着教师教材解读不到位和自主创新不足等问题。

（二）写作教学目标设计的案例分析

哈默在《朗文如何教写作》一书中将写作大致分为"为学习而写作"和"为写作而写作"两种。所谓"为学习而写作"，① 指学生参与写作活动，完成写作任务，旨在巩固学生的语法、词汇等的学习效果，它并不要求学生写作不熟悉的文体。"为写作而写作"则不同，它旨在帮助学生成为更好的写作者，并让他们学会用不同的文体、不同的语言结构进行写作。当前的教材中设计的写作教学任务，一般为"为写作而写作"。

教材中的写作板块是该单元的重要组成部分，它要求学生综合运用本单元已学语言知识和技能完成特定的写作任务。这一特定的写作任务在单元学习中起着聚焦作用。在该单元的单元提示中就已点明，后续各项活动和子任务都在不同程度上指向该写作任务。下面以七年级上册语文第五单元写作《如何突出中心》为例，分析写作教学目标设置。

---

① 〔英〕杰里米·哈默. 朗文如何教写作［M］. 邹为诚，译. 北京：人民邮电出版社，2011.

对于"如何突出中心"这一写作任务，教材中主要从"设置一条贯穿全文的线索"，"安排好内容的主次和详略"，以及"采用一些具体的方法、技巧"这三个方面对学生进行写作引导，并配合单元中的写作实践环节，引领学生练习"如何突出中心"。该板块的设计理念是：中心任务明确，步骤清晰，语境真实，旨在发展学生的各种语言技能和综合运用语言的能力，特别是发展学生的围绕中心进行选材组材的写作能力。作为单元的收官板块，其使命是综合运用单元已习得的所有知识和技能来发展学生的写作能力。

在教学中该单元所选的文章就是很好的例子。这一单元的人文主题是"动物与人"，选用的四篇文章是郑振铎的《猫》、梁实秋的《鸟》、康拉德·劳伦兹的《动物笑谈》和蒲松龄的《狼》。这四篇文章通过讲述一件事情或者描写一个动物，表达了作者某种情感，这些情感就是文章的中心所在。例如，郑振铎的《猫》围绕猫带给人的情感波澜这一条线索，叙述了先后三次养猫的经历，详写了最后一只猫；《狼》以议论的形式在文章结尾点明中心。

写作教学目标设置需要教师的统筹设计，力求让教学目标合理、科学、可操作性强。但是在实际教学中，一部分教师并不重视教学目标的设置，容易出现教学目标缺失、写作教学无计划、教学实施随意、教学内容重复等问题。下面结合具体的案例进行分析。

在"无忧考网"网页上有 3 篇七年级上册语文第五单元写作《如何突出中心》的教案，① 下面就这 3 篇教案的教学目标设置进行分析。

---

① 七年级上册语文第五单元写作《如何突出中心》教案，https：//www. 51test. net/show/8581334. html.

表3-1　3篇《如何突出中心》教案教学目标及主要教学过程简表

	教学目标	主要教学过程
教案1	1. 培养写作的目的意识。 2. 学会根据中心合理地选择材料。 3. 分清写作材料的主次，选取最足以表现中心意思的情节或细节详写。 4. 学会运用多种写作手法，突显文章中心。	第1课时 问题一：什么叫中心？中心有什么作用呢？ 问题二：怎样才能做到突出中心？你们平时是怎么做的呢？ 问题三：阅读短文《坚持就会成功》，回答相应的问题。 问题四：怎样才能使文章中心突出呢？ 第2课时 写作实践（一）"书" 写作实践（二）"电视机前（餐桌旁）的一家子" 写作练习
教案2	1. 通过训练，学会"写人记事"的记叙文的写法。 2. 借助课文，认识文章中心对于一篇文章的重要性。 3. 学会在文章中设置线索，恰当安排内容的主次详略，进而突出中心。	请同学们阅读写作指导，交流感受。 写作实践（一）"我的书包" 写作实践（二）"一方餐桌" 写作实践（三）"那一幕，触动了我的心灵"
教案3	1. 借助课文学会找文眼，找出文章的中心句，进而提炼中心思想。 2. 读经典文章，学习并体会如何找出中心词、突出中心。 3. 通过放学路上所见所闻所感，围绕中心立意，写出文章结构。突出审题、立意、构思的方法指导。	整体把握：默读课文《突出中心》知识短文，思考：1. 什么叫中心？2. 中心有什么作用呢？3. 怎样才能做到突出中心？ 揭题明标，板书题目：放学路上 思路点拨写提纲，确定中心和选材的合理搭配

怎样设置写作教学目标？目标设置得是否合理、科学，有可操作性？这些问题都制约着写作教学活动能否顺利展开，影响写作教学的最终效果。在实际写作教学实践中，部分教师容易从经验和感觉出发，忽视写作教学目标的统筹设置，而导致教学过程无序、松散。下面结合上述 3 篇教案，分析写作教学目标设置中的问题。

1. 教学目标设置与单元写作任务的相关性问题

每一次写作教学的教学目标都不应是孤立的，而应该是一个学段或一个年级写作教学目标中的一部分。设置的教学目标是否合适，要从课程标准的学段要求及单元教学的主题入手进行分析。下面对上述 3 篇教案的目标与单元写作主题的相关性进行分析，见下表。

表 3-2　3 篇《如何突出中心》教案教学目标分析表

	教学目标	与写作主题的相关性
教案 1	写作目的意识	高
	根据中心选择材料	高
	根据中心组织材料	高
	学会运用多种写作手法突显中心	高
教案 2	学会"写人记事"记叙文的写法	低
	认识中心对于文章的重要性	高
	学会在文章中设置线索，安排内容的详略，进而突出中心	高
教案 3	找文眼，找中心句，提炼中心思想	低
	读文章，找出中心词，突出中心	低
	围绕中心立意，写出文章结构	高

从该表可以看出，上述 3 篇教案中，教案 1 的 4 个教学目标都与"如何突出中心"这一单元写作主题高度相关，而教案 2 中的第 1 点和教案 3

中的第 1、2 点与单元写作主题的相关性较低。"学习记叙文的写法"这一目标是整个初中写作教学一直贯穿的，不可能通过一两次写作训练完成，这一次的"如何突出中心"，是记叙文写作训练的一部分，但是在此作为教学目标就有过于笼统之嫌。"找文眼""找中心句"等是阅读教学中要进行的活动，通过这些活动有助于体会如何围绕中心进行写作，但是作为"如何突出中心"这一写作任务的教学目标并不合适。

2. 教学目标表述的科学性问题

教师的教学目标设置和表述几乎完全一样，只在数量或顺序上有些微差别，与教材配套的教学参考书中的相关部分几乎完全一样，可能是直接从教学参考书中照搬而来，根本就没有依据学生的写作实际发展情况、执教者本人对教学材料的解读以及自身写作教学的专业素养做适度的调整。

有的目标中，行为动作实施后所要达成的效果以及达成目标的前提条件也语焉不详。教案 3 中三维目标互相交叉，知识目标与技能目标有重叠之嫌，可删除重叠部分并精简成一项。教学内容和教学目标混淆，把内容当成目标去设定，如"通过放学路上所见所闻所感"，本属于教学内容或手段，却被当成了教学目标。上述教案 3 的目标 1 和目标 2 主要是要在阅读中找中心句、中心词等，是阅读的目标，而不是写作的目标。

3. 教学目标设置的梯度问题

写作技能的形成需要系统的训练和培养，不是一节课、一个单元的教学任务就能完全达成的。写作技能也是分层次和级别的，先导性的写作目标是发展性目标的前提。课标就从三个维度将总目标划分为 10 个。其中 7~9 年级的写作教学目标又细分为 8 条，对于写作技能的发展和形成进行了具体规定。因此，写作技能是要循序渐进地培养和发展的。教师要将目标写作技能加以分解，细化为系列的微写作技能，即分出起点技能、已有技能、发展技能、目标技能，将这些写作技能设计成有序的微写作活动，依序训练进而整合成综合写作技能。课标对具体写作知识的获取和写作技能的形成在不同的分级目标中都有渐进性的发展要求，例如，从 5～6 年级的"能根据内容表达的需要，分段表述"，到 7～9 年级的"根据表达的需要，围绕表达中心，选择恰当的表达方式"，就体现了写作知识技能的梯次性发展要求。但是课标中的写作教学目标依然较为笼统，需要教师进一步细化分解。在部分教师的课堂中，课时写作教学目标的具体内涵、组成要素都没能区分清楚，也没有具体列出目标达成的条件。在实施写作教学的过程中，教师只是泛泛地引领学生解读教材中的短文，凭经验而且功利性地提取了自认为有必要的写作训练要素，不做过细的分解和整合训练，就让学生独立写作。上述《如何突出中心》3 篇教案中第 3 篇教案中的目标 1 和目标 2 存在重复、层次不清的问题。

4. 教学目标的操作性问题

写作技能的形成和发展是要依赖每节课逐层展开而实现的。课时写作目标是从属于单元、学段、课程目标系列的，它在目标系列中的位置层次决定了它要有课时教学的针对性，要依托于具体教学内容任务的支撑。课时写作目标的可操作性是有效课时写作教学的可靠保障。有些教师所设置的写作教学目标宽泛，目标之间缺乏联系性和逻辑性，具体目标之间无任何过渡环节、任务，具体目标出现的先后顺序混乱，教案中的"学会写人记事的记叙文的写法"、突出"审题、立意、构思的方法"等教学目标设置过于宽泛。

（三）写作教学目标设置的原则

1. 写作教学目标设置要"少而精"

作文教学一直被写好一篇作文所需要的"十八般武艺"困扰着。要写好一篇作文，不仅要积累语言、积累素材、讲究章法、琢磨构思、揣摩语句，还不能写错别字，不能语句不通顺，不能立意不突出，不能观点不集中，题材不能不新颖，一会儿说要引用名言，一会儿又提成语和歇后语，要有"闪光点"，还要顾及风格与特色。《道德经》中说"少则得，多则惑"，"知足不辱，知止不殆"。写作教学目标真是"多则惑"，每次作文往往什么都想做好了，却又往往什么都没做好。于永正老师给小学三年级的孩子讲过《学写人物对话》，这一课例中的教学目标设置非常值得借鉴。在这次作文课上，于老师设定的教学目标只有三个小点：要有提示语、有标点符号、要分段。目标要求简单明了，孩子们掌握起来也得心应手。最令人感动的是于永正老师对孩子们作文评价的方式。他给每个做到上述三点的孩子的作文打100分，如果孩子有巧妙的思路，或者运用了好词好句，就在100分的基础上再加分。每个孩子都热情洋溢地参与到课堂中来，更是欣喜地看着自己的作文，那些得了125分或155分等分数的孩子无不因为自己写的作文而感到自豪。这就是教育的魅力。这也让我们看到了明确而精准的目标在教学中运用的魔力。

2. 写作教学目标设置要"简而远"

写作教学目标要瞄准学生写作素养的发展。21世纪以来，学生的读写能力的培养越来越受到各国教育界的重视，在各国的教育改革中都突出读写能力的培养。读写能力是所有人都要具备的一项基本能力，在终身学习能力中起着核心作用。语言的建构与运用能力是我国学生语文学科核心素养之一。写作教学是学生培养书面语言的表达和运用能力的重要途径，能否将目标定位到语言表达与运用能力培养体系中去，是考验语文教师的一大难题。当前，教学目标制定中存在盲目追求全面地体现知识与能力、过程与方法、情感态度与价值观三个维度的问题，不区分任务特点，分不清主次，将三个维度目标一概而论，容易出现重形式轻内容、重知识轻能力等问题。

3. 写作教学目标设置要"巧而活"

学生作文应该有"我手写我心"的自由，写作教学也应有开发性灵的功能。但是受应试观念的影响，很多作文训练追求速成，练习的目的是为了拿到更高的分数，这就违背了作文教学的初衷。《教育——财富蕴藏其中》一书中指出："教育的任务是毫无例外地使所有人的创造才能和创造潜力都能结出丰硕的果实。"①写作教学也要培养人的写作才能，激发学生创造性地表达思想的热情。然而，教学中的纯技术的训练，模式化、套路化的作文教学内容，严重阻碍了学生创造性的发挥。就连最应该自由的散文，在写作时都被模式化了。有这样一则如何写作的顺口溜："开头提出小问题，一线一定要到底；还要夹叙边夹议，结尾点出大道理。"这样的教学是舍本逐末的教学。

4. 教学目标设置要可评、可测

教学目标达成度是衡量教学是否成功的关键指标。教学目标设置需要是可测、可评的，而且能够在规定时间和有限的条件内达成。教师在设置写作教学目标时要注意考虑以下几点：一是写作教学目标是否能体现课程标准要求和学生学习需求；二是写作教学目标是否符合写作教学规律，符合目标体系中的层级梯度；三是写作任务是否能全面、恰当地覆盖和落实教学目标；四是该目标的测量和评价是否便于实施。写作教学目标在教学中采用显性的还是隐形的方式呈现这个并不重要，关键是要看教师是否有清晰的目标和强烈的目标意识，教学以教学目标为向心点，统领各个环节。

二、写作教学目标设定中教材的主导地位

写作教学目标设定中一个很大的问题，就是教师对写作目标体系的解

---

① 联合国教科文组织. 教育——财富蕴藏其中 [M]. 北京：教育科学出版社，1996. 5.

读不到位，教师缺少对作文课系统细致的规划。从备课环节就能看出，很多教师都很少写作文课的教案，对学生的作前指导也不到位。而教师不写教案就很容易导致对本节课的教学目标定位不清，不了解学生的具体学习情况，从而对学生在写作中出现的问题也不能及时发现并解决。这一点从作文讲评中也能看出，很多老师在作文讲评时，很少会依据教学目标来给出分数和评语，反而是追求学习目标之外的形式要求，如学生字体是否美观、格式是否正确等，这样的评价不免舍本逐末。许多教师上课较为随意，没有根据教学大纲或课程标准来设计，也没有具体的规划，较为武断。例如，有些教师没有按照教材中单元设计顺序来给出作文命题，反而是随机选择，这样的做法是没有具体教学规划的表现。上课时，教师的上课内容与教材编排的顺序不符，会导致脱离教材的规划，这样就违反了教材的科学合理性。有的教师将教材中的写作教学按照自己的逻辑进行了整合、归纳，把多个单元的内容整合到一到两节课中，这样给学生的压力很大，而且打破了教材的知识结构。教师这样教给学生所导致的结果就是学生写出来的作文缺乏系统性，这样就容易出现教学目标模糊、学生不易理解、教学内容无法满足学生需求等问题。

教材本身都有自己设计的逻辑顺序，如果教师能够细心钻研教材，就能发现教材本身的内在逻辑，同时对于教学目标的定位和设立也是非常有帮助的。以统编本为例，统编本教材在写作教学内容的编排上，从初中整体阶段教学主题来说，七年级以记叙文为主，八年级以说明文为主，九年级以议论文为主，这个顺序也符合课程标准中要求的写作教学顺序。并且，每一个写作单元的内容具有系统性，所以，教学目标的设立应该有一定的系统性，要体现出写作教学目标的过程性和结果性，结果与过程相辅相成。教材会根据具体的写作类型，构建与之相应的写作体系。例如统编本七年级教材以学习记叙文为主，教材又分上册和下册，将学习记叙文的任务分为两个模块，七年级上册以描写（心理、外貌、神态，细节）、叙述（具体、概括）、写提纲、联想和想象为主要训练内容，七年级下册主要从人物描写、学习抒情、抓住细节描写、怎样选材、文从字顺、语言简明等方面来培养学生写作记叙文的能力，这就形成了模块与模块之间、单元与单元之间的系统训练。

例如，一位老师在教"几何式写作教学"时，针对初中作文写作的困难，教师在命题时一般以半命题为主，根据学生在写作时往往构思不够系统、题目类型偏向概念化等问题来制定目标，她分析上述现象后发现实质是学生在构思过程中对情节把握不够，因此她制定了抓住情节构思的教学目标。她在上课过程中用到倒推法和几何式作文的写作方法，在写作前列出作文的必要条件，满足了条件写出来的作文就叫几何式作文，倒推法就是从结果向条件倒推，在可能的条件中寻找最合理的条件的方法。在具体的上课过程中，老师采用了定、列、写、串、改、评的方法。首先确定文章的主人公，并列出主人公的性格特点，然后列举能说明主人公性格特点的事件，下一步就是根据自己的写作顺序将故事写出来，并注意故事与故事之间的联系，使之有效结合，串联之后要进行修改，可以自己修改，也可以同伴之间互相修改，最后就是评，整体评价文章的写作情况，好处和不足都要评。这样的写作指导，能大大提高学生写作的效率和质量，教师运用几何式写作教学帮助学生更好地进行作文情节的构思，也提高了教学质量。

另一位老师在进行"写人抓住特点"这一内容的教学时，以统编本七上语文教材中的第三单元写作要求为主要教学目标为依据，考虑到刚刚升入七年级的学生写作水平还有待提高，而且对除了语言描写的人物描写的其他方法运用很少，这一老师将教学目标定为：1. 认真观察，抓住人物特点；2. 运用人物外貌描写和神态描写的方法突出人物个性。在上课过程中，老师首先在大屏幕上投影一个人物，让学生来辨识人物并练笔，从学生的习作中找到学生普遍存在的问题，激发学生的兴趣。然后，老师给学生讲解了人物描写的含义，并以鲁迅对人物的刻画为例来使学生理解外貌描写的重要性。接着，总结人物外貌描写的方法，主要有四点：第一，注意顺序，从整体到局部；第二，抓准人物的特征来进行细致的刻画；第三，着重刻画人物的性格和情感；第四，注意修辞的运用。最后通过两个练笔环节使学生学以致用，并进行交流反思。这样的作文课使学生明显掌握了多于语言描写的人物描写方法，并指导了学生以后的作文写作。

教师对写作目标编写梯度理解不够到位主要表现在：很少教师对教材中每个单元写作专题中的写作目标进行整合再教学，一般都是直接教授本单元作文内容，关注到整体的比较少。产生该问题的主要原因在于教师缺乏对统编本教材写作目标整合的意识。笔者通过课堂观察发现，统编本初中语文写作目标的编排虽然集中呈现在每个单元的写作专题中，但是在每个单元的其他板块之中也有涉及，如果教师不能整合它，就会导致学生对写作关键点的认识停留在局部，而教师对关键点的教学也会更加的单一，缺乏整合。其中一个表现是，教师对作文要点的教学仅限于本课的写作目标，而没有考虑到整个单元，大多数教师只讲授写作专题中提到的内容，而这些内容并没有与本单元其他内容（如综合学习部分）有效结合。第二个表现是，教师对作文要点的教学，只局限于本单元内容，而不是整个教材。例如某位七年级语文教师，在进行七年级上册"如何突出中心"这一写作专题的教学时，将教学目标设定为：1. 通过范例分析，让学生了解写人记事作文的中心是什么。2. 明确突出中心的要求。3. 理解与使用"描写"来突出写人记事作文中心的方法。教学内容是根据本单元写作指导部分提到的三个目标设计的。关于"突出作文中心"的内容在同一册书第四单元的"思路要清晰"中也有涉及，但该教师几乎没有提及"当你思考文章的整体思路时，首先要思考你想要表达的东西，然后根据它选择材料，大致思考文章的整体思路"等相关内容。

首先，设立目标时，应将目标与教材紧密联系，加强学习目标的学段规划性，教师应该经过研究和多次实践运用，然后对教材有一个充分的理解和把握，建立起系统的写作教学体系。教师应该按照《义务教育语文课程标准（2011 版)》中所提出的初中阶段整体性、阶段性的教学任务来设计教学目标。同时，写作教学目标的设立还应该根据具体的教学任务和学生的认知水平来适时调整，这样既能从教材出发，又考虑了学生的具体情况，结合了实际情况。教师应熟悉课程标准中写作教学的总体目标和各阶段不同的教学要求和难点，以便对初中阶段和阶段的写作教学有一个完整的计划，把教学目标序列性呈现给学生，使教学任务符合初中阶段学生的心理特点。教师作文课的讲解内容应该不仅仅是审题和立意，还要涉及具体的写作步骤。教师应该认真钻研教材内容中的系统要求和规划，并在实际写作教学中体现出相应的条理性。

统编本初中语文写作目标的编写遵循了课程标准中关于写作的要求，呈现出明显的阶段性和明确性特征，每个单元、每本书、每个年级都有明确的写作训练目标。总的来说，统编本初中语文写作目标编写的特点主要集中在两个方面，一是文体训练目标具有序列性，二是技能培养目标具有系统性。

《义务教育语文课程标准（2011 年版)》写道："写记叙性文章，表达意图明确，内容具体充实；写简单的说明性文章，做到明白清楚；写简单的议论性文章，做到观点明确，有理有据；根据生活需要，写常见应用文。"① 笔者根据统编本初中语文教材写作专题的内容，将写作目标进行汇

---

① 中华人民共和国教育部. 义务教育语文课程标准（2011 年版）[S]. 北京：北京师范大学出版社，2011. 8.

总整理，如表 3 - 3：

表 3 - 3　统编本初中语文教材写作专题依据文体分类

文章类型	年级	统编本教材
记叙性文章	七上 七下 八下	学会记事、写人，抓住特点，发挥联想和想象 写出人物精神，学习抒情，抓住细节 学习描写景物
说明性文章	八上 八下	说明事物要抓住特征 说明的顺序
议论性文章	九上	观点要明确，议论言之有据，论证合理
日常应用文	八上 八下	学写传记，表达得体 学写读后感，学写游记，学写故事

　　统编本初中语文教材记叙性文章的写作训练共呈现在 7 个写作专题中，并按照一定的逻辑顺序编排于七、八年级；有关说明性文章的两次写作训练安排在八年级上、下册；议论性文章的三次写作训练安排在九年级上册；日常应用文的写作训练安排在八年级上、下两册。纵观统编本初中语文教材的写作专题，就整个过程而言，写作目标的编排基本呈现出文体教学序列，即以记叙性文章、说明性文章、议论性文章的教学为序，当中穿插了日常应用文的教学，并以记叙性文章的教学贯穿写作教学的始终。

　　从中观层面分析，统编本初中语文教材写作专题的文体设置具有很强的序列性，按照学会写记叙性文章、说明性文章、议论性文章的写作目标展开编排，同时在八年级穿插日常应用文的内容进行教学，整个写作目标的设置清晰有序，符合基本的文体训练序列和学生写作的心理发展。从微观层面来讲，为了达成学会写记叙性文章这一写作目标，统编本初中语文教材的写作专题从记事、写人到描景、状物。内容由易到难，层层递进。写人物时，开始指导学生"写人要抓住特点"，继而"写出人物精神"，之后再提出更高要求，譬如"学习抒情""抓住细节"等，体现了由浅入深、循序渐进的编排特点。七年级上册最后一个单元的写作专题的写作目标是"发挥联想和想象"，有利于激发学生无穷的想象力，鼓励学生将心中所想用笔写出来，同时能够丰富写人、记事的素材与内容。对于培养学生学会写说明文的写作目标来说，统编本初中语文教材写作专题核心的要点是依次介绍"说明事物要抓住特征"和"说明的顺序"，简单明了，既符合学生的认知规律，也符合说明性文章写作教学的重难点，同时又重点突出，条理清晰。针对议论性文章的写作训练，统编本初中语文写作专题从论点到论据再到论证，有次序地进行排列，旨在指导学生写出较为完备的议论性文章，将议论性文章的写作教学集中安排在九年级上、下两册。这样的安排遵循文体教学序列，由易到难，有利于学生了解记叙文和说明文的区别，掌握记叙性文章和议论性文章各自的特点。为了培养学生具备应用文写作能力，统编本初中语文写作教材也格外重视应用文的写作教学，写作板块安排了五个关于常见应用文的写作专题，分别是学写传记、读后感、游记与故事以及"表达要得体"，重在指导学生写交际类应用文要考虑写作目的、表述方式和态度。

上述四类文章写作目标的编排组合，以记叙性文章、说明性文章、议论性文章为序列依次进行设计排列，其中穿插日常应用文的写作教学，编写梯度清晰合理、重点突出，遵循学生写作能力发展水平和写作教学规律，层层递进，具有序列性。

另外，部编本语文教材各单元技能训练目标分项推进。写作是一项综合训练，学生需要掌握多种写作技能才能够有效地进行写作，各种技能缺一不可，因此对学生写作技能的培养显得尤为重要。统编本初中语文教材写作目标的编写注重学生写作技能的培养。

韩雪屏等在《语文课程教学资源》一书中将新课标的语文教材的写作

知识与技能划分为七大类，包括了以积累、观察为主的聚材取事的技能；以描写、记叙、说明、议论、抒情为主的运用表达方式的技能等。① 最后指出现行语文教科书还编选了缩写、扩写、续写和改写等其他技能训练内容。根据韩雪屏等人的划分，笔者拟将统编本初中语文教材写作专题中与记叙性文章、说明性文章、议论性文章的相关写作导论归入"以叙述、描写、说明、议论、抒情为主的运用表达方法的技能"，将日常应用文的相关写作专题归入"运用书面语言表达的技能"。下面笔者根据韩雪屏等人对写作技能的分类标准进行归类整理，如表3-4，具体分析写作专题如此设置想要达成的目标。

表3-4　统编本初中语文教材写作专题依据写作技能分类

写作技能	统编本教材写作专题
聚材取事技能	热爱生活、热爱写作、怎样选材
审题立意技能	审题立意
谋篇布局技能	思路要清晰、如何突出中心、谋篇布局
运用书面语言表达的技能	文从字顺、语言简明、语言连贯
修改文章技能	修改润色
其他技能	学习改写、学习扩写、学习缩写

就获得聚材取事的技能而言，素材是提炼和形成写作主题的根基，是写作的物质基础，作者的写作动机和写作热情都来自写作素材的触动，② 因此培养学生聚材取事的技能这一写作目标须放在重要位置。统编本教材"热爱生活，热爱写作""怎样选材"两次写作专题的设置，从生活中选取

---

① 韩雪屏，王相文，王松泉．语文课程教学资源［M］．北京：高等教育出版社，2007.149—153.
② 普丽华，江少川．现代写作概论［M］．武汉：华中师范大学出版社，2002.50.

写作素材，调动写作兴趣，不仅提示学生要细心观察生活，而且指导学生如何选材，对于聚材取事技能的培养相对比较完善，且层层递进具有系统性。

就培养学生获得审题立意的技能这一目标而言，统编本"审题立意"这一写作专题精准地培养学生审题立意的技能，设置简明集中，方便集中高效进行讲解，具有针对性。

就培养谋篇布局的技能这一目标而言，统编本初中语文教材设计"思路要清晰""如何突出中心""布局谋篇"三次写作导论进行讲解，在七年级就要求学生思路清晰，中心突出并有全局意识，为学生谋篇布局打下良好的基础。经过两年的写作积淀，九年级下册再针对性地进行写作能力拔高训练，重点介绍谋篇布局的技能，写作目标的编写呈现出系统性和梯度性，符合学生写作技能的发展水平。

就培养学生运用书面表达的技能这一目标而言，张志公先生曾经说过："千好的思想，万好的才华，语言不够，表达不出来也不行"，文章的语言材料尽可能俭省，应言简意赅、文辞通顺地表达自己的见解与感受。①可见书面语言表达技能对学生写作的重要性。统编本初中语文教材写作专题依次介绍"文从字顺""语言简明""语言连贯"，在学生写作训练达到一定的程度，对写作不再畏惧后，从七年级下册开始安排"文从字顺""语言简明"继而设置"语言连贯"这三个部分的写作专题。先让学生敢于动手写作，继而对语言提出要求，充分考虑到学生的写作情绪。并且利用三部分写作专题对学生的语言文字应用能力的要求逐级提升，体现了技能培养这一写作目标的系统性，也体现了统编本初中语文教材对培养学生应用中国语言文字能力的重视程度。

---

① 王本华．张志公论语文・集外集［M］．北京：语文出版社，1998.55.

就培养学生修改文章这一技能而言，统编本初中语文教材在九年级下册第四单元设置"修改润色"这一写作专题，其他写作专题涉及修改文章的内容共有 7 处，对语段的修改有 3 处，或使其语段丰富，或使其语段简明，或使其语意连贯。另外 1 处是强调修改作文要抓住细节进行描写，还有 1 处是发言稿的修改。这些专题如表 3 – 5。

表 3 – 5　统编本初中语文教材写作专题修改部分整理

年级	修改部分内容整理
七上	为语段"添枝加叶"
七下	修改作文抓住细节进行描写；修改语段使其简明
八上	修改语段使其连贯；修改发言稿
八下	无
九上	无
九下	修改润色自己的习作；从"言"和"意"两方面修改作文

统编本初中语文教材写作专题包括扩写、缩写、改写、续写等相关技能的介绍，关于改写，统编本将这一内容放置在九年级上册，在学生经过长时间的自我创作，作文训练达到一定的积累后再学习改写，这样的安排更为合理。关于扩写和缩写，统编本初中语文教材分两次写作专题进行详细介绍，可见统编本教材对于学生学会扩写、缩写目标达成的重视度。

从上述分析中我们可以看出，统编本教材各个写作专题的设置十分凸显对学生写作技能的训练，尤其注重培养学生运用中国语言文字进行表达这一写作目标的达成，写作专题的编排精简集中，排列组合方面也更具有系统性。统编本初中语文写作目标编写具有明显的梯度性，它以螺旋方式呈现，主要以文体训练的形式出现，注重写作思维的培养，注重读写结合，为实施语文核心素养奠定基础。

三、写作教学目标设定中教师的主动调节

　　建立一个比较完整的写作教学体系，也是改善教学目标定位不清的一个有效方法。作文虽是课内的学习，但却不应该仅局限于课堂之中，教师在设置教学目标时应该在立足教材知识和定位的前提下，打破课堂环境的条条框框，适当对教材内容进行升华，将学生的亲身经历加入作文中去，这样会使学生更容易理解教学目标设立的意图，学生在作文写作过程中也会加入自己的真情实感，这样写出来的作文才是真正打动人的。在课堂中空讲理论是行不通的，只有理论无法吸引学生兴趣，完全灌输的教学方式收效甚微，教师应在目标的指引下，建立起一个系统的写作教学体系，将现实生活与理论知识、课程目标结合起来，这样的教学目标才是切合实际的可行的目标。在作文中添加贴近生活的部分内容，这样的作文给人一种真实感，好像就是自己身边发生的事情一样，这样学生的兴趣提高了，学习效率自然也就高了，作文的有效性也提高了。

　　例如，一位老师在上作文课的时候，就根据学生的具体情况和初一学生学习记叙文的课标要求，制定了两个教学目标："第一个是体会在记叙中穿插抒情和议论的表达要求；第二个是学会在文章叙事中穿插抒情和议论，为文章添色。"① 老师首先让学生赏析三个小段落，这三个段落均来自课本教材，学生更加熟悉，并且能更加快速、准确地找出文段中的抒情和议论，学生通过这个环节能够找到文段中的抒情语句并且体会到这些语句抒发了什么样的感情，学生也可以找到哪些地方使用了议论，并能体会这些议论的效果。第二个环节老师给学生展示了例文，让学生找出例文中对抒情和议论的使用不恰当的地方，并进行修改。最后就是小试牛刀环节，

---

① 洪学智．"绿色作文"系列之中考记叙文写作指导［EB/OL］．2019 – 05 – 17．https：//m. doc88. com/p – 3943850990659. html.

让学生们都拿起手中的笔，试着在记叙中穿插进一些抒情和议论，使文章更添风采。

另一位老师考虑到初三学生即将中考的现实情况，在中考作文评分标准中，把"立意明确，中心突出"作为其重要的评判标准，以初中新课标中对写作的三点要求制定了以下三个教学目标：1. 清楚中考作文在中心方面的要求；2. 分析作文在中心方面失分的原因；3. 掌握使中心明确、新颖、深刻的方法和技巧，并运用于写作之中。首先引导学生掌握作文得分的方法，有以下四个方面：一要理解题意，明确中心。作文中心要根据文体来明确，确定了中心才能恰当地选材，使两者互相衬托。二要由浅入深，提炼主旨，遵循行文顺序，突出中心。三要逆向思维，针砭时弊，要运用逆向思维，从新的角度看待事物，聚焦时代，关注热点话题。四要立意求深，主题深刻，要求学生把目光放长远，尽量深入挖掘普通事物的不普通之处，从而提炼出深刻的主题。

然后老师组织学生小组学习，分析学生作文在明确中心时出现了什么问题，学生自主发现问题之后再由老师总结。在老师的教学过程中，既考虑了中考的实际写作要求，又结合了课标要求，联系了学生在作文写作中存在的问题，将教学目标落到实处，因为是结合例文来发现学生写作的问题，给了学生更强的代入感，同时结合中考的实际要求，也能引起学生足够的重视，激发了学生的学习兴趣。

第四章

写作教学过程的目标引领与前后衔接

一、写作教学目标落实的具体化

初中生的写作能力融创新意识、自主学习能力和独立思考意识为一体，能够有效地锻炼学生的表达能力，可以提高学生的语言素养。目标导向的写作教学虽是一种有效的教学方法，但在实施中仍遇到了许多困难。这里主要从教师教学目标设定的落实、学生学习目标指向的构建等方面展开论述。

很多教师会制定教学目标，但目标有了，却很难真正落实到课堂中。一方面是老师制定的教学目标不符合学生的身心发展特点，导致学生很难理解；另一方面是老师授课的主要内容与教学目标不一致，老师常常给出题目，让学生自主写作，这样的做法忽略了教学目标的作用。或者在进行写作指导时，过于注重写作的形式，而忽视了写作方法的讲授，没有教给学生系统的习作方法，所以学生会不理解教学目标，也就不能将教学目标转化为自己的学习方法投入到写作中。

在写作教学中，有的教师追求"高大全"，认为学生通过一节作文课学习的知识越多越好，于是设计了六七个教学目标，给学生设置了过多的任务，看上去非常充实，实际上学生并没有真正理解、达到老师的教学目标，样样都学反而样样都学不好，所以这样的作文课成效不大。课堂教学目标是教师在课程开始设置的，希望学生本节课能够理解掌握的细化的任务，其中蕴含了教师本节课对学生学习效果的预估。课堂教学目标太多违反了"一课一得"的原则，要求的目标太多，加重了学生学习本节课的心理负担，使课堂教学目标变得模糊不清，贪多求全会妨碍教学目标落到实处。目标导向教学的设定不应该设立太多目标，目标应根据学生的具体情况来设计，使学生写每一篇作文都有所收获。按照初中的作文课进度安排来看，三年下来不会少于60次作文课，每次作文课都应当完成一个小目标，从目标的循序渐进中，学生的知识也会越积越多，且每次课的目标都是在体系中不断递进的。

大部分中学生能够在写作文时写出自己的真情实感就已经达到要求了，如果教师制定目标时好高骛远，一定要追求庄重的题材，或者一定要挖掘高远的立意，这样的做法会让学生产生心理压力，慢慢地失去写作的兴趣。偏高或过低的目标对学生来说都不合适，都会影响学生的学习进程。目标过高是不联系实际的表现，目标过低是不适应学生发展进程的表现。写作教学定位不准，是当前写作教学的一大难题。现在的写作教学，不应该只是为了应试而存在，教师应该保护学生内心喜欢作文、渴望写作的萌芽，在学生的写作路上当好一个领路人。

例如，由于话题作文内容、主题、写法不限，很多学生把握不好话题作文的特点和写法，一位教师根据学生们存在的这一具体问题设计教学，制定了两个教学目标："第一，了解话题作文的特点；第二，学习和运用话题作文的写法。"在教学过程中，老师先分析了初中话题作文本身的特征：第一是提供提示语；第二是话题的指向性，要依据所给出的话题来确定写作的范围和内容。在学生理解的基础上与学生探讨话题作文的写作技巧。写作技巧包括：研读提示语、以小见大和拟好标题。提示语为写作提供了不同方面的提示，应该多加重视，用好提示语能使文章更加凝练和生动。好的标题能给人眼前一亮的感觉，使读者有读下去的欲望。在写作时应该根据提示的内容多思考，设置一个令人眼前一亮的标题。这样原本看似难写的话题作文，也能从独特的角度写出生动的文章，以小见大，更见功力。然后教师选取一个具体的话题作文例子，来跟学生共同探讨，课上总结写作技巧。这位老师设计的教学目标符合学生的实际需要，教学实施依据目标来开展，教学方法和技巧根据目标来选择和制定，在学生掌握了技巧之后，又根据具体的例子来师生共同探讨写作表达效果，有效地巩固了学生的学习成果。

再如黄学银老师的指导案例。他敏锐地抓住了中考命题越来越开放的特点，希望学生的作文更有表现力，由此他制定了拟好作文题目的教学目标。他认为"题好一半文"，[①] 题目在内容和立意方面都有非常重要的作用。在上课过程中，他先给学生讲解了具体拟题目的方法技巧：第一，巧用修辞，增强题目的感染力；第二，善用引用，引用诗句和歌词，不落俗套；第三，借用符号，借用标点符号清新活泼，借用数学符号可以出奇制胜。然后老师给学生出一些训练题，让学生思考题目该如何拟，可以就事论事，也可以透过现象看本质，多思考，拟出有新意的标题。在这堂课中，老师抓住了学生们头疼的点，很多学生在写作文时都是最后写题目，这样写出来的题目往往是临时拼凑，表达效果不佳，所以他将拟好题目定为教学目标，拥有了好题目的文章也就拥有了一双吸引人的"眼睛"。

教师在教学时应该完善教学目标。教师应该仔细研读课文，明晰本节课所学的"知识与能力目标、过程与方法目标、情感态度与价值观目标"都是什么，同时也能根据学生实际学习情况，随时对学习目标进行优化。

---

① 黄学银．初中作文指导教案．［EB/OL］．2019－08－21. https：//wk. baidu. com/view/5ca4ebf7abea998fcc22bcd126fff705cd175c1c.

对于说明文的教学，教师在设计时应该花更多的时间着眼于知识与能力的目标教学，不仅要对所学课文涉及的知识进行学习，还要注意延伸和拓展。举个例子，我们学习说明方法的时候，一篇课文涉及打比方、下定义的方法，教师应该在保证这两种方法为学生讲明的情况下，再对其他说明方法如做比较、列数字、举例子等进行教学，让学生系统地学习说明方法，对说明方法有一个整体的认识和结构的建立，便于学生记忆和日后对有效知识的提取。同时，教师在设计教学过程时应注意三维目标是相互融合为一体的，不能将其割裂，能力的提升与基础的学习离不开，审美情趣的建立与对说明文整体的把握不可分离。举例来说，《时间的脚印》教学设计①的教学目标包括："1. 筛选信息，感知课文内容。2. 寻找关键，理清文章思路。3. 赏析妙点，探索表达之趣。"主要教学步骤为导入、感知内容与层次（说发现的话）、鉴赏语言与表达（说赏析的话）、阅读整理与评价（说有创意的话）。在"导入"环节，用一部电影——《流浪地球》作为切入点，能够很快吸引学生去关注教师所讲的内容，激发学生学习的兴趣。下一步"感知内容与层次"提出知识链接，因为在以往学习过说明文，可以以提问的方式让学生用自己的语言说出什么是说明文，以达到更好的复习效果，加深学生印象。接下来让学生找出独立成段、具有提示内容的作用，分别介绍了"岩石"的三个方面的句子，能够让学生在这个过程中发现本文的清晰结构，符合提出的第二个教学目标。第三步"鉴赏语言与表达"所提出的三个问题，分别从说明方法、表达方式、文章结构设置问题，是层层递进和深入的，符合学生思维规律的同时也和所提出的教学目标相一致。但提出的第一个问题"从说明方法的角度赏析一个句子"，在这之前，最好的方式是和学生一起回忆学过的说明方法有哪些，然后再

---

① 曹双英.《时间的脚印》教学设计［EB/OL］. 2020 - 11 - 25. https：//www. pep. com. cn/czyw/czyw/001/201905/t20190517_ 1938299. html.

让学生赏析句子。这一部分所提出的问题可以让学生体会到本文手法丰富。最后一步"阅读整理与评价",在对文章分析完之后,教师开始着眼于对说明文写作的教学,让学生根据对标题的理解、对文章内容的把握拟写一个副标题,一是能够检验学生对文章的学习成果,二是能够再次锻炼学生的概括和理解能力,三是激发学生思考,通过锻炼使其具有很好的创意性,对于说明文写作的标题训练起到了一定的作用。

另外,教师在写作教学过程中往往忽视对学生写作修改的指导,也很少要求学生自己修改作文。统编本九年级下册第四单元的写作专题为"修改润色",该专题写作目标主要是提高学生自主修改作文的能力,这一能力的培养在其他单元的写作专题中也有涉及。但是在实际的写作教学过程中,由于写作修改缺少切实可行的指导标准和方法依据,教师对学生的"写作修改"缺少有针对性的训练,认为分配给写作课的时间本来就捉襟见肘,如果写作教学再让学生不断地修改作文,不仅得不到立竿见影的效果,还会浪费学生精力。教师对学生修改能力的训练缺少目标考量,导致自主修改意识不强,写作修改知识掌握不全面。

二、写作教学目标落实的全局化

教师要树立写作目标全局意识。统编本初中语文教材着眼于重构语文知识体系,写作系统的训练目标是高度连续的,每学年写作专题的设置有一个垂直的训练意图。教材遵循不同文体的写作训练过程,逐步安排教材写作体系的内容。虽然它们是独立的,但又紧密相连,前者是后者的基础,每个写作专题的写作目标都服务于整个学年的写作训练目标。这就要求教师在写作教学中树立全局观,首先让学生从整体上把握教材写作系统设置的目标,然后按照专题循序渐进地展开写作教学。写作教学将按照"整体—部分—整体"的顺序进行,学生先掌握整体,然后各个击破,最后整体提高写作水平，这样就可以避免"只见树木不见森林"问题。以七年级写作教学为例，新学期写作教学伊始，教师首先应该向学生明确这学年写作训练目标为"记叙文写作训练"，并告知学生每个单元的教学安排与训练重点，让学生从整体上把握该学年的写作训练，而不仅仅是通过一个学期的写作学习得到一些零散的写作知识。

首先学习目标的建构要落实。老师作为学生学习的引导者，为学生设立具体的、易懂的、可检测的学习目标是很必要的。如果学生在课程开始之前就知道自己要达到什么学习目标，在学习过程中就能避免找不到学习方向的现象出现，并且有利于教师检测学生的目标达成情况。学生不理解学习目标，很容易导致写出的作文内容指向不明确，也就是指学生在写作时找不到重点、文章缺乏内在逻辑，给人一种胡乱拼凑的感觉。学生在习作时试图把自己内心的想法全部呈现出来，但想到什么写什么，对待自己的写作内容不会系统构建，整篇作文表面看起来内容充实，实际上却缺少系统框架的引领，导致内容零散凌乱，读来只觉散乱，像是单纯的句子和事件的罗列。

学生在日常生活中一直在用自己的感官观察、融入和适应周围的环境，学生们每天都会用到自己的感官，用眼睛观察外表，用嘴巴咀嚼食物，用鼻子闻各种各样的气味，用大脑接收和消化知识。在网络如此发达的现在，学生可接触、可获得的信息其实是非常多的，但我们通过文献研究发现，大多数文献中作者都把学生阅读量少、选材狭隘作为学生写作难的重要原因，其实在学生写作过程中，思路是否开阔也很重要。孙有康教授对写文章有一个观点："文章是作者表明自己言语思维过程的书面语言形式，只要思路奔泻，文章便多姿多彩。"① 他认为学生思路的开阔是写文

---

① 孙有康. 文章是怎样写成的 [M]. 广州：暨南大学出版社，2006.13.

章的一个重要条件，素材的积累和选择要站在思路的开阔之上，而目标就给了学生一个方向和引领，使学生不至于摸不到头脑。学生积累了很多素材，但是在写作文的时候却用不上，主要是学生不理解教学目标，思维不开阔，人的语言表达能力高低与大脑思维是否开阔是分不开的。所以在课堂实践中，教师应给学生足够的时间和讲解，使他们理解教学目标，充分思考，将目标与头脑中的素材联系起来，这样一来，神奇的化学反应就会发生，教师不再是一味地讲授，而是给了学生缓冲理解的机会，学生也不再是一味地被动接受，他们有了更多的时间去思考。目标导向的写作教学就是将目标思维的教法与实际的教学实践结合起来，这样的做法将写作看作是一个大脑思路跟随目标逐渐显现的过程。这个过程目标与目标之间也不是孤立的，而是一个一个有序衔接起来的。

例如，李鹏亚老师在《初中作文课教学设计》① 中根据学生绞尽脑汁、无处下笔、细致刻画不到位的作文困境，制定了通过片段训练使学生掌握细致描写的技巧的教学目标。教学过程中，第一步教师先给学生展示了一个场景：将纸飞机从手上用力地飞出去，纸飞机飞了一会儿后落地。要求同学们认真观察，并对场景进行描述。第二步是摘录例句并引导学生分析两段例句中哪一句更好，并分析原因。第三步是教师总结描写的三原则，即"有什么""怎么样""像什么"。首先要把一个场景里有什么东西告诉没有见过的人，他们大体了解了场景之后要告诉读者场景里的东西是怎么样的，这个时候运用一定的修辞，使文章更加生动形象就是"像什么"。接下来同学们按照三原则，来检验自己刚看到飞机落地场景的描写是否符合三原则并修改。同学之间交流修改之后的文章，共同探讨这节课的收

---

① 李鹏亚. 初中作文优秀教案设计［EB/OL］. 百度文库. 2019 - 02 - 27. https：//wk. baidu. com/view/e9f339e203768e9951e79b89680203d8cf2f6ade? ivk_ sa = 1023194 j&fromShare = 1&fr = copy&copyfr = copylinkpop.

获。李老师这节课根据学生的具体写作困难制定了教学目标，首先通过一个生动具体的场景吸引学生兴趣，学生也能更好地理解目标的含义，在一步步的有顺序的教学进程中，学生们也建构起了自己的架构，从而更好地完成了目标。

第二个例子是一位教师的一堂作文修改课。这堂课的背景是在暑假过后老师以《暑假记事》为题目布置了一次作文，在批改时发现学生作文大多没有重点，给人一种拼凑的感觉，所以老师在作文讲评课中将教学目标定为学习自己修改作文，使学生认识到自己修改作文的重要性，提高习作水平。这位老师改变了以往拿出优秀例文分析交流的上课模式，这节课拿出了一篇作文当作修改范例，学生们读完例文后探讨例文的优点和不足之处。大部分学生认为文章语言流畅，但读起来没有重点，找出了问题和重点，老师接下来讲授作文修改的方法：第一，推敲词语，看词语用得是否恰当；第二，理顺语句，注意写作时的顺序，注意句子间的联系；第三，删改重复；第四，增添完善，添加词语将句子意思表达得更清楚；第五，断句标点。接下来老师指导学生自己修改作文。俗话说，"作文三分写，七分改"，在这堂课中，教师发挥了学生的主体作用，目标少且精，有利于学生找到修改作文的方向，让学生自己品味作文才更能推敲出结果。

部分教师对于写作教学目标的设定具有很大的随意性，很少有结合统编本写作目标的编写以及学生的实际发展水平来设定合理的写作教学目标。这种情况的根本原因在于教师缺乏完整的教学设计，很少对写作教学进行设计，即使有设计，也是比较随意的，并没有与其他环节形成完整的系列化过程。其中一个现象是大多数教师很少设计写作教学。写作教学是一种有目的、有计划的语言教学活动，开展写作教学，必须制定具体有效的写作教学计划，杜绝写作教学的随意性，但是通过阅读许多老师的教学计划，我们发现大部分内容都是为阅读部分设计的，在一年的教学计划中，12 个作文单元中，作文设计还不到一半。第二个现象是即使有设计，写作目标安排也有很大的不合理之处，例如某初中语文教师安排"学会记事"的教学目标为"1. 交流耳闻目睹或自身体验到的快乐情景。2. 明确何为快乐，理解快乐的理由，理解快乐因人而异，因时境而异。3. 明确如何在生活、学习等方面实现快乐"。这样的写作目标安排让人理不清头绪，只能激发学生的写作兴趣，获取素材灵感，但是记事的方法和细节这些知识点的掌握教师没有合理安排，不能很好地达成教材所要求的写作目标。

其次，学习目标在教学过程中要落实。既然设立了教学目标，那么在上课过程中，教师就应该以教学目标为依托，紧紧围绕教学目标开展教学内容。教师有意识地强调以教学目标为指导，帮助学生建立作文系统全面的认知结构，培养学生的目标思维。另外根据本节课所要达到的目标来制定学习步骤和构思作文框架，分清这节课知识的先后顺序，将作文练习步骤化，将目标作为引领，为学生的写作提供"桥梁"，找到前后知识之间的联系。学生找到联系之后，思路和框架也会变清晰，对教学目标的实现大有益处。在这个基础上，学生会逐渐具备自己制定目标的能力，并依靠目标来解决作文中出现的问题，这样不仅能完成目标，也提高了写作文的效率。学生在下次写作任务面前，也不会觉得很头疼或者没有思路。

再次，在教学评价上，在具体的写作练习中，要落实学习目标。写作练习也应与写作目标相结合，写作的练习安排应该根据学生的实际情况布置。课后的作文练习应分清主次，不能每一个任务都对应一个作文练习，这样就改变了写作教学系统这一多样性安排的最初目的，又给了学生许多任务带来的压力。写作练习应具有针对性，学生掌握情况较好的目标课上巩固即可，如果学生某一单元的目标完成情况较差，可以有针对性地布置与教学目标相对应的练习任务，从不同角度练习，重点夯实学生不熟练的作文知识，强化学生的目标意识。这样有弹性的任务安排，也是为学生减负的表现，使学生减轻因为任务太多而产生的抗拒和逆反心理，将练习与目标相结合，有利于提高学生对知识的掌握程度，更好地完成教学目标。

例如于永正老师的一节作文课，课题是"对话素描",① 教学目标就是教学生在作文中如何写人物对话。他给学生提出了三个要求：分段、提示语和标点符号。先给学生讲解这三个要求的作用，分段是给读者一种清楚明了的感觉，容易阅读，使文章层次鲜明；提示语就是交代说话的对象和背景，使说话的场景栩栩如生。再分别举例子讲解这三个要求应该如何做，然后学生开始写，最后再一起交流。这样的课堂给学生明确指出本堂课的学习目标是什么，并让学生充分理解各个任务的作用，无疑是事半功倍的，学生能学到的东西也很多，同时也可以完成学习目标。

再如，邓艳丽老师上的一堂作文批改课。邓老师提到："作文修改是指对自己的文章进行调整、补充、调动和修饰，是一个自我完善的过程。"② 老师逐一批改、点评的讲评方法，只是老师单方面的讲授，学生容易没有参与感，提不起兴趣。同时也使学生失去了更多地参与作文修改的机会，浪费了一次让学生重新审视作文、自主修改的机会，久而久之，学生会产生对老师修改作文的依赖感，学生的思维得不到启发，不利于学生主动性的培养。《中学语文教学大纲》明确提出："要有计划地培养学生自己修改作文的能力和习惯，可指导他们自己修改，或者组织他们互相修改。"③ 邓老师依据教学大纲中明确提出的目标，将这堂课的学习目标定为培养学生自主修改作文的能力，并从日常写作的角度，制

---

① 于永正. 对话素描［EB/OL］. 豆丁网. 2014 – 04 – 27. http：//www. docin. com/touch/detail. do? id = 801037289.

② 邓艳丽. 初中作文教学案例［EB/OL］. 2020 – 04 – 24. https：//m. book118. com/html/2017/0115/84095136. shtm.

③ 中华人民共和国教育部. 九年义务教育全日制初级中学语文教学大纲［S］. 北京：人民教育出版社，1992.

定了三个任务，让学生从这三个任务的角度进行修改。第一个任务是弄清在作文结构的运用中，小标题可以起到什么作用。小标题的作用是可以让文章疏密有致、结构清晰，可以起到过渡的作用，减少过渡句的铺张，突出文章的重点。第二个任务是辨别选材是否恰当。选材主要选取了三种人间温情，分别是母爱、师恩和友谊，选材恰当就可以有力地表现中心，同时选材要精炼。第三个任务是修改开头和结尾，在一篇记叙文中好的开头应当紧扣题目，并能引出下文，好的结尾最好能揭示中心，升华主题，例文可以从表达方式上来修改结尾，给结尾加上抒情和议论，这样更能突出中心。

在作文批改过程中，学生的参与是十分重要的。邓老师在制定合理的教学目标之后，在目标的引领下，又根据三个前后衔接的小目标，让学生自己参与到修改的过程中，使其在互相批改中认真学习，取长补短。学生也能在互相批改中培养写作的兴趣，能加深对知识的理解和运用，从而更好地完成教学目标，更好地吸收知识，获得意想不到的效果。

三、写作教学目标落实的层级化

《国家中长期教育改革和发展规划纲要（2010—2020年）》明确指出："中小学要由应试教育转向全面提高国民素质的轨道，面向全体学生，全面提高学生的思想道德、文化科学、劳动技能和身体心理素质，促进学生生动活泼地发展。"[①]在全面实施素质教育的今天，应试教育的阴影仍然笼罩在中小学教育的上空。表现在写作教学上，就是很多教师过于强调写作训练，忽视对学生的写作意愿、写作能力的培养，学生写作的主动性不强，而且获得有效的写作指导偏少。这就产生了学生的写作训练不好、收

---

① 中华人民共和国教育部．国家中长期教育改革和发展规划纲要（2010—2020年）［EB/OL］．中华人民共和国教育部网站，2011－10－29.

效甚微的难题。学生的写作素养与当前对21世纪学习者的素质要求不相适应。如何让写作教学有梯度、有效果、有趣味地开展，是一个重要的现实问题。

我国古代教育家、思想家孔子主张"因材施教"，苏联教育家维果茨基的"最近发展区"、美国教育家布卢姆提出的"掌握学习理论"，也提出只要给学生恰当的材料、适度的帮助及充分的时间，几乎所有学生都能完成学习任务。这些都是分层教学的理论依据。教学内容有深浅之别，教学要求有高低之分，学生的接受程度有快慢、多少之异，在写作教学中根据学习内容、学生特点采取分层教学的方法，不失为因材施教的好办法。写作教学中的分层需要从教学目标设定、教学实施、教学评价等环节来实现。

首先是作文教学目标的分层。

布卢姆教学目标分类理论将认知领域的教学目标从低到高分为六个层次：记忆、理解、运用、分析、评价和创造。记忆、理解、运用等层次是较为基础的目标，分析、评价和创造属于高阶层级的目标。具体关系见图4-1。

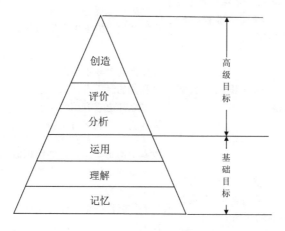

图4-1　布卢姆认知领域的教学目标分类

　　分清教学目标的层次目的就在于能够针对学生所要掌握的知识或能力的不同情况来判断学生要达到的不同层次标准，有针对性地开展教学。不同层次的目标与学生不同层次的知识或能力水平相适应，这也符合维果茨基的"最近发展区理论"。在写作教学中，教师的教学活动和学生的写作训练不能停留在学生现有的发展水平上，而是要通过教学引起、激发学生一系列的发展过程，帮助学生提高认知水平。而分层的教学目标设置可以给学生不同的学习任务，以便根据学生各自不同的情况进行有针对的学习，教师也可以根据学生的达成情况进行有效的检测。写作教学中不同层次的教学目标的特征和对应的可以进行的任务举例见表4-1。

表4-1　写作教学中不同层次目标的特征与任务举例

目标层级	特征	任务举例
记忆	从长时记忆系统中提取相关知识，包括再认和回忆两种。	你能说出故事开头、中间和结尾发生了什么吗？主角是谁/什么？ 故事发生的时间、地点和环境是什么？
理解	从教学内容中建构意义。包括能够解释、举例、分类、概要、推论、比较、说明。	你能用你自己的话把这个故事告诉你爸爸/妈妈吗？ 这个故事主要是关于什么的？ 你能把这个故事中发生的事情画一张图并告诉我吗？
运用	用一定的知识和方法解决问题。	你能把这个故事演出来吗？ 这和你的经历有什么关系？ 你怎么知道它有用？ 你认为这个故事有某种模式吗？
分析	将问题整体分解，确定每一个部分怎样联系及其总体结构如何联系。	故事中的每个角色是如何相似/不同的？ 你觉得这个故事是真实的还是虚构的？你为什么这么认为？ 如果你能选一个，你想让谁出现在故事里？为什么？ 你认为是什么原因导致……？有什么证据？

续表

目标层级	特征	任务举例
评价	根据一定的标准（比如质量、效率、效果和一致性等）做出判断。	这是你读过的最好的/好的/枯燥的书之一吗？为什么？ 告诉一本比这本书更好/更糟的书，并说明原因。 你认为这本书适合儿童还是成人，男孩还是女孩？你为什么这么认为？ 我们还能用什么方式说/解释/表达？ 哪些句子更合乎逻辑？哪些句子相互矛盾？
创造	整合各类元素形成一个新的结构的过程。	根据给定的故事，如何创作出合理而有创意的故事结局？ 你会怎么写一首关于……？ 你会如何改写故事的结尾？ 如果那个事件发生在……，今天会有什么不同？

　　在教学目标设定中，还要考虑不同层次的学生的接受情况，根据学生的认知水平实行写作目标分层要求。每位学生的阅读积累、生活感悟以及写作水平都有所差异，教师按照同一写作标准来指导写作教学，必然不利于学生写作水平的整体提高，这对教师写作教学策略的实施提出了更高的要求，学生个体发展的差异性要求教师遵循统编本初中语文教材写作目标导向，在写作教学中针对学生的实际水平进行分层指导。对于那些写作水平较高、思维活跃的学生，教师应当鼓励他们自学写作导语短文，根据写作实践的相关要求不断地进行新的尝试，当遇到障碍的时候再向教师寻求帮助，或者与同学讨论，逐渐培养在写作实践中自己修改自己作文的能力。面对普通学生，按照统编本初中语文教材的要求，结合单元写作目标，写作指导要根据学生的实际写作水平和写作课堂现状做出合理规划。面对一些写作有困难的学生，教师首先要做到的是对他们的特别关爱，让

学生对写作充满兴趣和自信，这样有助于学生克服畏惧写作的心理，树立起写作无外乎就是用笔说话而已的观念。

从学生角度出发考虑写作教学目标的分层，可以在设置基础目标的同时，再设置相应的提高层级的目标。拿"读后感"的写作教学来说，总的目标是"把心里感受诉诸笔端，与人交流"，也就是要抓准课文的主要内容以及给自己留下最深印象的内瓢，用语言表达出自己的感受和见解。教师可以根据学生的不同水平，将目标分为三个层次。基础层：在读懂文章的基础上，能简要概括文章的内容，中心明确、条理清楚地表达出自己的感受。中间层：能概括文章的主要内容，联系生活实际，结合具体事例谈自己的感受，行文流畅，中心突出。提高层：能介绍文章的主要内容，抓住某一个印象深刻的点来谈自己的感受，思路清晰、主题突出。基础层的目标重视学生基本知识的识记和理解，在掌握基本内容的同时，给他们一定的目标指引，培养他们的兴趣，帮助他们树立正确的学习方法，并在掌握基础知识的基础上，培养分析、解决问题的能力。中间层的目标比基础层的目标略有提高，可以鼓励学习不够主动但是有发展潜力的学生去实现这一目标，帮助他们树立目标意识，激发学习动力，在理解、运用的同时巩固记忆知识。对于提高层的目标，可以注意知识的深度和广度，从知识的运用、分析、评价与创造等层面来进行相应的设置，让有能力达到更高层级的学生也有"跳一跳摘桃子"的快感。教师可以灵活把握这三个层次的目标，对学生进行个别化的指导，让每个学生在自己现有水平的基础上都有提高。

其次是写作教学的分层实施。

受班级人数过多、教学模式单一等因素的影响，写作教学中长期存在教学实施过程"齐步走""一刀切"的情况。有的教师甚至将写作教学简化为"命题—评改—讲评"，而跳过指导环节。对于学生来说，评改和讲评中或许会有很多收获，但是这些收获远不如专门的写作教学指导来得直接。写作教学如果按照一致的教学标准、统一的教学进度来进行，则无法估计学生的个性差异。而学生的学习需求、学习能力的不同决定了他们需要不同的写作教学指导。进行写作教学的分层，有助于帮助学生解决上述困难。新的课程改革要求教师尊重学生的人格，关注学生的个体差异，希望教师能满足不同学生的学习需求，这样才能帮助每个学生得到充分的发展。写作教学分层实施是在着眼于全体学生全面、和谐发展的基础上，根据学生、教师等教学要素的情况，所采取的具有一定针对性和层次性的教学组织与实践。

在写作教学分层实施中，要注意两个问题。一方面要注意写作教学实施的规范化。实施过程必须依据课程标准，指向教学目标的达成。根据学生的需求，可以借助分组任务、小组学习来进行分层的作文训练。写作分层教学可以和小组教学、个别指导、合作学习、自主学习等多种教学方式相结合，充分发挥教学评价的功能，保证教学始终以教学目标为评定、衡量的标准，较好地解决班级统一教学与学生个别指导需求之间的矛盾。分层训练是分层施教的重要环节，教师在设计练习和布置写作任务时要有一定的梯度，根据不同层次的学生设计出不同难度的习题，让全体学生都能享受到成功的喜悦。为了提高课堂教学效率，教师可以随时掌握学生的学习活动情况，及时帮助学生克服学习过程中的困难。因此，教师在写作指导过程中要对学生学习进行及时指导与监控，发现问题要及时纠正。真正让每个学生学有所得、学有所用，帮助每一个学生掌握最起码的基础知识、能力和技能。另一方面要注意写作教学实施的灵活性。不同层次的同学在写作要求上尽管要有差别，但学生之间的差距毕竟不是很大的。分层的目标不是固定不变的，要针对不同的文体，针对学生的进步情况，对学生所对应的教学目标层级做出适当的调整。根据维果茨基的观点，教学创造着学生的发展。我们的教学也会不断更新着学生的"最近发展区",学生水平之间的差距是动态发展的,因此,我们的写作教学组织过程与实施方法也应当是动态调整的。只有动态的分层才能形成更好的竞争机制,激发学生的上进心和创造力。

再次是作文评改和讲评分层。

作文的批改过程要充分体现对学生写作的不同要求,以不同层次的教学目标为依据,各个层次的学生只要达到所在层次的目标要求,就应给予充分的肯定。如果用同一尺度去衡量所有学生,那些学习有困难的学生就不会有得到充分的肯定的机会,继而丧失写作的兴趣。因此,批改和讲评的过程是对学生进行鼓励的良机。批阅的不同标准使学生有了信心和动力,选择不同层次的文章来讲评可以给学生一些参照,相互取长补短。教师还可利用分层的写作目标,通过互批、自批等手段,增进学生之间的作文交流,提高总体写作水平。对高层的学生就要根据其实际情况,来确定相应的教学目标,不能一味地降低要求;对低层的学生不可盲目拔高,要着眼于基础目标,而不能试图用一次写作解决写作中的立意、选材、行文等所有问题,对他们的作文要注意多运用绝对性评价,与教学目标对照来看其达成情况,不要盲目地用相对性评价去和其他同学的写作来进行比较。

对待学生,要坚持因材施教。对学习有困难的学生,作文的评改要多进行纵向的比较,发现他的进步并指出;少进行横向比较,以保护其上进心。提倡为学生建立写作档案袋。写作档案袋可以保存学生有代表性的课内外作文,还可以对学生的写作态度、遇到的问题、取得的进步以及典型事例进行记录,以全面地反映学生的写作情况和发展过程。建立了写作档案袋,就可以清晰地看到每一个学生的发展情况,用动态的观点来看待学生的作文,及时地给予指导。在写作评价中,要给予每个学生充分的关注，进行中肯的评价，不吝惜表扬。"皮革马利翁效应"和"艾森塔尔效应"都启示我们，表扬和鼓励对学生来说是多么重要。因此，作文评语的措辞要诚恳，且有激励作用，要充满期待和赞赏，不放过学生作文中闪光的细节，例如一个运用恰当的词语、一个优美生动的句子等。对于学生写得好的地方，要多标注并写好批语，及时地给予表扬和鼓励。

第五章

写作教学评价的目标为重与适当兼顾

　　写作是语文教育和学习的核心目的之一，写作不仅可以拓展人生的宽度，还可以增强人生的亮度，对于提高学生的文化素养、发展学生的个性起着积极作用。语文核心素养包括培养学生语言建构与运用、思维发展与提升、审美鉴赏与创造、文化传承与理解，而学生最终能力的提高都是以语言的建构与运用为基础的，而作文评改作为写作教学中重要的一部分，是学生口头语言与书面语言训练的过程，是培养学生读者意识的重要途径。

　　写作点评中要以目标为重，同时适当兼顾目标之外的知识。写作点评处于写作教学的最后一部分，也是非常重要的一部分，教师在这个过程中可以检测学生教学目标完成的情况，可以使师生对目标完成程度进行交流时更加顺畅。在作文评改的过程中，教师起引导作用，要以学生为主体，给学生更多的参与感，使他们学会更多的评改技巧，提高自主评改的能力。教师在批改学生作文时要改变单一的批改方式，选择不同的方式进行批改，批改时不要脱离学生的学习水平，吸引学生的兴趣，使批改变得有"温度"，批改应全面，从学生作文的情感表达、写作方法、内容结构等多个方面进行。教师在批改完学生作文之后，还应进行适当的讲评。讲评时应针对学生在作文中出现的普遍或者个别问题进行反馈和总结，了解学生对目标的完成情况，也能了解教学任务是否有效完成，并了解学生对这次作文任务的收获和是否仍然存在困惑。最重要的是，在作文评改过程中，教师要以作文目标为导向制定统一的作文点评标准，既要尊重学生的个体差异，又能检测教学目标的完成情况，多以鼓励的眼光去看待学生，发现问题并解决才能不断进步。

另外，教师要兼顾本次写作目标之外的以前的知识，防止出现学生因为粗心疏忽了已经学过的知识而出现明显的作文问题这种现象。教师应灵活运用多种评价方式，在评价学生写作过程和态度方面可以多运用过程式评价，在教学中运用过程式和结果式评价相结合的形式，对学生的写作方式和目标完成效果能够进行及时、有效的指导和检测，使目标尽可能高效率地完成，并且尽可能多地覆盖班上更多的学生。

如程翔老师的公开课，评价一篇记叙文《我不认识她》,① 程翔老师在上课过程中就紧紧围绕教会学生记叙文的评价标准这个教学目标展开。老师先让大家为这篇例文打分，有同学打 99 分，有同学打 70 分，同样一篇作文为什么差距那么大？老师通过这个问题吸引学生兴趣，然后引出记叙文的评价标准。老师将评价一篇记叙文的首要标准定为选材。记叙文无论写人还是叙事，都应该把重心放在写自己的生活上，因为每个人都是对自己的生活最熟悉。而这篇文章写的就是作者亲身经历的事情，是关于男女同学交往的事情，这种选材在学生作文中出现得较少，往往会涉及早恋的问题，选材较为新颖。老师将评价一篇记叙文的第二个标准定为主题，这篇文章写了老师误会了小男孩和小女孩的关系，认为他们在谈恋爱，在老师质疑他们的时候，小男孩脱口而出的一句话是："我不认识她。"作文的主题是关于小男孩的成长，成长中难免会遇到感情问题，小男孩却不知道该怎么处理，这个主题引人深思。老师将第三个评价标准定为故事性，这

---

① 程翔．程翔老师教作文［EB/OL］．豆丁网．2018 - 05 - 09．http：//www.docin.com/touch/detail.do? id = 2106366541.

篇作文写了老师误会了"我"跟一位女同学的关系，以为"我们"在谈恋爱，小男孩脱口而出"我不认识她"，这样一句话就撇清了他们俩的关系。文章有开头，有发展，有高潮，有结尾，是一篇有完整故事性的文章。

总结一下程翔老师的这节课，就是他以记叙文的评价标准来作为这节课的教学目标，然后将评价标准细化为选材、主题和故事性，分步骤来推进课程进度，循循善诱，围绕教学目标来开展教学，是一个很值得学习的教学案例。

第二个例子是郝老师指导的"学生互评写作教学"。① 郝老师根据课标所提出的"能与他人交流写作心得，互相评改作文，以分享感受，沟通见解"② 要求制定了三个教学目标。一是掌握作文互评的技巧；二是学习鉴赏的主要方法，提高学生的语言鉴赏和表达能力；三是促进学生互助合作的精神，在小组合作中更好地完成任务。在教学过程中，老师采用了先个体后分组、先讨论再互相推荐、先学生鉴赏后教师总结的顺序，使学生逐渐学会如何鉴赏和评价。第一步，学生在教师的指导下阅读文章，并按老师给出的步骤批改作文，先大体浏览文章，看是否有错别字并可帮助修改。再读文章，品味佳句好段。最后，写修改建议，在读他人作文的过程中，找出自己认为不合理的地方。学写旁批和总评。第二步就是分组研讨、交换批阅文章。按事先安排的学习小组，交流同学们对自己刚刚批阅的作文的总评和旁批，并交流感受。

教师要注重写作修改能力培养。课标中明确指出，初中阶段的学生要能够"根据表达的需要，借助语感和语文常识，修改自己的作文，做到文

---

① 郝旭娥. 学生互评写作教学案例［EB/OL］. 新浪网. 2018－01－12. http：//blog. sina. cn/dpool/blog/s/blog_ 17d86aa1c0102xecz. html.

② 中华人民共和国教育部. 义务教育语文课程标准（2011年版）［S］. 北京：北京师范大学出版社, 2012. 17.

从字顺"。①写作目标应该在具体的写作教学过程中得到落实，现实写作教学中很多教师选择忽视和淡化，在写作教学中，修改的主体一直是教师，但其实作文修改的主体应该是作者本人才是，教师的越俎代庖，使得学生失去了提高作文水平和养成修改作文习惯的机会，导致学生的写作能力也得不到全面、系统的提升。所以在日常写作教学过程中应该多安排一些作文修改的训练。写作修改环节以知识点的形式安排在写作之前，让学生对写作修改知识内涵有所了解。教师还可以丰富作文批改形式，通过学生自评、学生互评等途径，强化学生对写作技巧、语言表达的认识，提高学生写作活动过程的参与度，让学生在审视他人文章优缺点的同时，反思自己的作文，促进学生去完善自己的作文，体会作文修改的收获与乐趣。在这个教学过程中，教师改变了以往的批改方式。让学生也参与到批改过程中来，增强了学生的动手能力，使学生学到了更多的鉴赏技巧，培养了自主纠错修改的能力，还培养了合作互助精神，多种教学方法巧妙结合，层层推进，落实了教学目标。

目前，在教学的过程当中，教师在评价学生的作文时仍然沿用传统的应试教育成绩，如通过考试来评价学生、给学生认定等级等方式。这些方法的缺点在于虽然教师花费了大量的时间来批改作文、给学生评定等级，但是还会有一些作文写作能力较弱的学生不明白作文的意图，因此他们的写作能力也不会得到提升。此外，通过考试来评价学生、给学生认定等级等方式会有一定的片面性，它只关注学生考试时候的成绩，这样的话有一部分学生对写作文就失去了兴趣。所以在写作教学的时候给学生正确的引导，并且让学生接受、内化就显得尤为重要。

人们常说："得作文者得天下。"随着新课标的推行，作文在语文学习

---

① 中华人民共和国教育部. 义务教育语文课程标准（2011 年版）[S]. 北京：北京师范大学出版社，2012. 17.

中所占的比例达到了前所未有的水平，所以写好一篇作文就显得尤为重要。但是现在存在着一种现象，学生进行写作时经常发愁，对写作存在着排斥心理。即使让他们写作文，他们也会很勉强，有一种非常痛苦的感觉，对作文的写作缺乏自己内心真实的感受。有很多学生不喜欢写作文，甚至害怕写作文。初中语文写作教学出现了什么问题以及为什么会出现这些问题是值得我们探讨的。

一、目标导向写作教学评价的着力点

初中写作教学效果评价存在如前文所述的问题及原因，教师在进行写作教学时应该注意哪些问题以及做出哪些改进？针对这些问题，笔者提出以下几点措施。

（一）目标分解，定向评价

"教育心理学的许多实验证明：有无明确的教学目标，对学生的学习效果具有明显的影响。目标以及目标的分析明确，有利于提高教学效果。"[1] 初中的写作教学是基于写作教学目标的，因此在进行写作教学的时候，写作目标越明确，学生的心理反应越敏感，教师就越能教会他们写作，提高他们的写作能力，在写作课堂中获得最好的效果。

在形成性评价当中，要想形成性评价真正有效，那么教师和学生应该明确写作的评价目标和标准。教师和学生应该共同研究初中学生写作能力的标准，使学生能够准确地了解评价的目标和标准，并在实践中转变成他们自己的认知结构。当学生明白了标准之后，教师找一些比较好的范文来让学生更好地认识评价标准。当教师在选择范文时，为了更好地激发学生参与写作评价的积极性，最好选择一些学生自己的作品。同时教师可以帮

---

① 倪文锦，欧阳汝颖.语文教育展望［M］.上海：华东师范大学出版社，2002.185.

助学生欣赏一些优秀的句子的表达方式以及文章整体的语言和章节结构，借此机会对学生的评价和理解进行点评，明确下一步该努力的方向。教师还可以与学生一起制定写作目标和标准，根据学生的学习需要和实际情况制定具体的指标并进行评价。它可以根据不同学习阶段的基本技能要求在课堂中进行调整。当学生对自己的写作评价目标和标准有一个清晰的认识后，他们就可以从教师、同龄人和自我评价写作过程中得到不同的反馈，这样会使他们能够不断地调整自己的写作方法。与不知道写作评价目标和标准的学生相比，他们在写作领域的提升要高得多。

在写作教学的任何阶段，如果教师发现课程的目标和标准与学生的水平有很大的差距，那么他们在布置任务时就可以在适当的时候进行调整，通过在不同阶段运用不同层次的评价标准来解决或减少困难，使学生获得积极的情感经验和良好的成功经验。这样学生们就会愿意参与语文的写作活动，并一点一滴地提升自己的写作能力，从而达到课程的目标和标准。毫无疑问，不同年级的学生可以根据自己的写作能力制定不同的目标标准和评价标准，根据自己的写作步骤和目标进行作文能力的提升，这就是形成性评价的优势。例如，对于写作基础较弱的学生，在书写作文的早期阶段，他们可以暂时免除课标当中"合理安排内容的先后和详略，条理清楚地表达自己的意思"[①] 这一标准，但是教师可以在写作速度和书写整洁的方面将标准提高。教师可以和学生一起列出评价项目，评价的项目也必须明确具体，易于实施，所使用的评价工具必须向学生提供反馈——帮助他们提高写作技能。例如，评价表可以按照五星制进行评估，它从语句是否通顺、衔接是否流畅、书写是否整洁等多方面对学生进行评价，规定了更为严格的条件并对学生的多方面进行多重提醒。表现得更令人满意的同学

---

① 中华人民共和国教育部. 义务教育语文课程标准（2011年版）[S]. 北京：北京师范大学出版社，2011.8.

可以被评为五星或者四星，表现得较为一般的同学通常是二星或三星。教师进行评价的重点是发现学生在写作时存在的问题并指出，从而增强学生写作的信心和动力，以此来确定更高的目标。

（二）活动导向，过程评价

形成性评价最重要的特征是互动性，它是一个互动的、连续的反馈过程。在教学过程中，教师应通过调整教学方法和学习方法，帮助学生改进和发展写作。在课堂上，教师要创造良好的教学环境，以此来培养师生之间的情感，开展师生互动、生生互动的对话活动，学生通过集体合作、相互评价，积极地参与到课堂写作的每一个环节中来。为了有效地促进学生的学习，教师应鼓励学生积极参与到这些评价中来。教师在具体的教学过程中，要尽量设计学生们喜欢的写作任务，以此来激励他们参与讨论和交流。在师生互动的过程中，教师的提问要紧扣本节课的主题，要引导学生进行有效的思考，传授学生有效的知识和技能。"反馈与评价能够把互动推向深入，引发新一轮的对话与交流，形成更积极的语言输出和交流状态。"[1] 例如：在教七年级的同学"写人要抓住特点"这一单元的写作课时，我们可以这样设计教学活动：

师：老师现在对一位同学的外貌进行描述，同学们来猜一下老师说的是谁！大大的眼睛，高高的鼻梁，他的发型很是特别，额头前的头发整齐排列，走起路来像熊猫一样可爱。有同学猜出来了吗？

生：是我们的班长！

师：同学们猜得也太准确了吧！你们是怎样猜出来的呢？对了！是抓住了班长的特点，同学们再看一下我们班长还有什么特点呢？

---

① 闫艳. 浅议高中英语写作课的写前活动［J］. 中小学外语教学（中学篇），2015（12）.

（同学们畅所欲言）

从上述内容可以看出，在课堂教学的过程中我们为了引导学生以积极的思维方式进行学习，可以进行有效的互动和反馈。不同类型的学生可以使用不同的反馈和评价机制，如及时评价、延迟评价或自我评价等。如果有可能，应单独指出那些不经常犯的错误，教师在给出建议时应委婉。在给学生反馈时，应优先考虑一些因素，然后采取建设性的态度，为学生创造更好的条件，鼓励学生积极发言，为学生提供一个安全的心理，这样他们才会积极沟通。

在生生互动这方面，教师应创造尽可能多的交流和互助机会，保护性格内向或者写作基础稍差的学生的自尊和积极性，确保小组讨论和生生互评的成功。同时，教师要通过各种方式对学生与学生之间的互动有效性进行指导和监督。在教学评价中，学生不仅是被评价者，也是评价的积极参与者，他们必须充分利用生生互评的方式。通过生生之间的相互评价可以有效地提高学生的写作意识，促进学生对写作问题的思考和判断，有助于提高学生的写作水平。

（三）点面结合，全程评价

在进行形成性评价的时候，教师要坚持开展多项内容评价，点面结合，让学生不断进步。在初中语文教学中，简单地说，点面结合就是教师在教课文的时候，不仅要注重文章整体结构和内容，又要突破课文的重难点，深入分析课文，让学生更好地理解课文。这样不仅注重了教师的领导，还强调了学生的主体。从作文评价的角度来说，点面结合就是教师先向学生介绍作文的框架，学生就会对能解决的问题和不能解决的问题有一定的了解，并会注意到各部分之间的关系，然后再研究作文写作，这样写作的效果会大大提高。语文的综合性很强，与其他学科有着密不可分的联系，每节课自然也会涉及其他学科的知识，所以我们要了解基本的学习内容，将"面"分成"点"，使学生建立起整体的内容结构。总的来说，点面结合是对作文的整体进行分析，如果一直坚持，学生的整体意识会提高很多。

正确的初中语文写作教学评价，可以对学生产生良好的激励作用，鼓励他们继续学习写作，提高写作能力。如果学生总是受到负面评价，他们不仅无法达到最终的评价成就，而且很容易阻碍写作的进步。要在评价学生学习水平的基础上，对学生态度、兴趣和策略的形成和提高进行综合评价。初中语文策略研究是初中语文教育的重要组成部分。从初中开始，我们就必须指导学生的写作策略，包括"设定学习目标、制定日常学习计划、积极参与写作随笔活动、不断积累好词汇、坚持写日记、坚持阅读"等内容。这种评价方法将提高初中语文写作教学的可靠性。根据这一原则，在教学过程中要高度重视学习过程，建立整体观念，帮助学生形成对学习的全面认识和准备，系统地指导学生在学习过程中各个环节的特点、功能和要求，使学生能够理解学习是一个不可分割的整体过程，不仅要关注孤立环节的一部分，而且要密切联系各个环节，共同发挥作用，提高学习效率。

要注重对学生的语言表达能力的培养。语言的表达首先是词语的选择；再者是注意句式的选择，什么样的句子表达什么内容、体现什么心情都要心中有数。

一方面要关注学生平时积累，鼓励学生大量阅读。阅读文章可以开阔学生的视野，同时可以帮助学生积累写作经验。因此教师要指导学生学习作家的写作手法和技巧，并根据学生的理解掌握情况进行必要的写作训练。如学习了《紫藤萝瀑布》中描写紫藤萝花的片段，让学生去观察身边的花草、树木，学习课文抓住景物的特点，从多个角度发挥想象写景的方法，进行小练笔。

在阅读、思考的基础上指导学生进行仿写，同时要注意仿写和照抄的区别。通过仿写，让学生学习名家巨著的写作、表达技巧，进行消化吸收，真正学到知识。

另一方面要教会学生根据写作对象、目标，选择恰当的句式，提高语言运用能力，准确生动地表达真情实感。

学生平时作文语言往往只注重流畅与否，语言表达平淡呆板，读起来犹如一杯白开水，淡而无味。写作教学时，要引导学生大到每一个段落、句子，小到字、词，都细致斟酌，使其写作时根据抒发感情、表达内容的不同，选择恰当的词句，使表达生动活泼，引人入胜。

有这样两个段落：

（1）春天，看着刚刚发芽的草，绿绿的，讨人喜欢。天下着雨，我任由雨水打在脸上，视线已经模糊。身边的人，一个个从我身边走过。我走着，感觉无助。

（2）春天，看着刚刚发芽的草，嫩绿嫩绿的，是那样清新，是那样惹人喜爱。天空下着雨，我没有撑伞，任珍珠似的雨珠抚摩我的头发，打在我脸上。我的视线已经模糊。再看看身边的人，一个个打着伞或披着雨衣，从我身边走过。我漫不经心地走着，感觉有一种无助的美。

通过对比不难看出：第一段描述空泛，缺少吸引人的点，句与句之间缺乏必要的衔接，而是生硬地拼凑，难以给人留下深刻的印象。第二段充分调动了听觉、视觉、嗅觉等多种感官，给人以美的享受，同时又运用比喻、拟人等修辞手法使语言表达准确生动而具体，让人身临其境，印象深刻。

（四）以评促写，有效评价

在写作课堂上教师要进行有效的评价，利用评价帮助学生进行写作。所以作为教师，对学生的评价要及时，不及时的评价会使学生感到教师的评价没有价值和意义，或者感到自己不值得被关注。因此教师在课堂上给予关注时，要确保评价具有时效性，而且教师的评价应以激发学生的兴趣和积极性为目的。

评价要具有时效性，而且教师对学生作文的评价都不能单一，无论是评价的主体还是评语都要让学生感觉到教师对他们的用心。这并不是过分强调学生的主动性，对于初中阶段的学生来说他们的写作能力有限，需要教师进行适当的评价。而且教师对学生评价的方法必须灵活多样，不要使用过分单一的评价方法。每一位教师都必须认真对待和引导学生发表自己的意见和看法，并对教学方法的不足进行点评。评价活动是否有效主要取决于学生的行为和进步，而且它不仅对写作后有着持久的影响，而且对写作前和写作中的过程也有着重要的影响。教师不应该仅看重学生一次作文的分数，这样学生就可以在不考虑任何一次性结果的情况下修改作文。在写作过程中，学生必须坦诚地与教师和同学进行沟通，这样才能产生碰撞的火花。有效的评价是学生写作发展的基础，会让学生逐步形成良好的思维和写作习惯。

在作文评改中，考察的不仅仅是学生对写作知识的掌握及迁移能力，还要特别重视引导学生进行思维的拓展，在批改中寻找与他人写作相似立意的不同之处，激发灵感、大胆想象。学生在批改作文的过程中不仅巩固强化了写作基础知识，提高了自己的阅读鉴赏能力，同时可以换位思考学习他人的长处转化吸收，进行再创造，真正做到"举一反三"。如一位教师出了个作文题《雪》，全班大多数学生的立意是赞雪的"洁白无瑕""大公无私"。只有一个学生的立意是"贬雪":揭露雪的虚伪,见不得阳光;揭露雪的穷凶极恶,不可一世;揭露雪的残酷无情,雪压冰封,万物萧条。最后写自己"不怕风雪严寒"的顽强意志。

针对该生与众不同的立意写作,教师在评改过程中更应该大加赞赏,同时也要着重引导学生对此发表自己的观点、看法,培养学生的逆向思维、发散性思维,促进学生创造能力的发展。

当前,写作教学存在评价方式单一的问题。课标指出:"在写作教学中,应注意培养观察、思考、表现、评价的能力。"就是强调在写作教学中不仅要提高学生的写作能力,同时还要注重培养学生欣赏、评价作文的能力,但在实际教学过程中,大多数的语文老师仍是遵循传统的作文批改方法,作文评改还存在一些问题。造成这些问题的主要原因是评改主体单一,以老师为主体。

领导评价作文、家长翻看孩子的作文,都将作文批改得是否精细、圈圈点点备注是否详尽作为一个重要的标准。这就造成了作文评改主体单一,以老师为主体。教师为了体现自己的责任心,作文批改都亲力亲为。然而学生的思想、心智都不成熟,与教师的视角、观点有所区别,一味地用教师的眼光去衡量学生的作文,恐怕不能保证客观公正性。苏霍姆林斯基说过:"学习的成功感是学生产生学习兴趣的根本源泉。"学生有些前卫的思想可能得不到老师的认可而被认为是"异类",教师无法了解学生的想法而给学生打低分,师生间缺少交流沟通,学生只能被动地接受。这样单向的批改反而使学生无法获得成功感,打击学生写作的积极性,同时也遏制了学生追求进步的思想和努力创新的灵感。

"横看成岭侧成峰,远近高低各不同。"在作文评改环节中,老师除了要精批细改外,也可尝试灵活多样的形式,引导学生多角度地观察思考。如:(1)只批不改,教师给学生的作文打出相应的分数,不加任何评论,不拿出专门的时间给他们修改，让他们课下自己交流、借鉴，找出自己写作当中存在的不足，这种方法可以充分调动学生的学习积极性。（2）不批只改，对于学生写出的作文，不进行批阅和打分，给学生充足的时间，让学生自己反复阅读、找出作文中自己认为不合理的部分反复修改，最终交出一篇满意的作品，这种批改形式可以培养学生的耐心。（3）学生批改，学生自主、合作修改，互相讨论修改语病，这样自悟自得，养成勤于修改的好习惯，会使自身提高得更快。这样有助于打破学生之间互相孤立的局面，让学生亲自去品评同学的作文，相互学习借鉴。通过发现同学作文的优点和缺点，培养学生的发散性思维。（4）师生共同批改，学生写好作文后由其他的学生批改、写评语，写完评语再交由老师批改，学生在这一批改过程中写的200～300字的评语又相当于一篇小作文，教师在批改作文的同时既可以看到学生的作文，又可以看到批改作文的同学的见地，充分了解学生的思维模式，在讲评时才可以有的放矢。在作文评改环节中，教师要注重引导，在保证学生主体地位的同时，也要充分发挥自身的主导作用。

教师指导学生写作的教学过程，不仅仅是为了让学生获得一个好的写作分数应对考试，也不单单只是教给学生审题立意、素材整合、素材运用和创立逻辑结构的过程，更多的还是应该激发学生的写作灵感，在实际生活中以自己的所见、所闻、所感、所思、所想为创作基点，回归学生的日常生活，增强学生的创作动力，从而改变学生认为写作难的写作心理，爱上写作，喜欢写作，并从写作中得到成就感和愉悦感，进而提高自己的写作水平，又发展了自己的写作能力，成绩自然而然就会提高。当前的素质教育强调应着重培养学生的综合素质，而培养学生的综合素质，其中重要的一项就是提高学生的写作能力。目标导向的写作教学主要目的是针对写作教学目标定位不当、目标未得到完整落实、写作评价没有紧扣教学目

标、未能分阶段制定教学目标等问题，给学生以正确的写作方向引领，使
学生能够正确看待写作，从而真正有意识地去提高自己的写作素养，同时
给学生创设一个良好的写作环境，使他们能够不断提升自己的审美素养和
综合能力。

二、目标导向写作教学的形成性评价

作文的评价不仅是提高学生写作的重要手段，也是写作教学的重要组
成部分。众所周知，初中作文写作教学评价发展得较为迅速，但传统的作
文课堂，教师评价学生的方法存在一定的片面性和局限性，学生在课堂中
普遍没有参与权，教师是评价的主体，这就是学生的写作素养没有提高、
学生的写作动力也没有那么强的原因。"教学的艺术不在于传授本领，而
在于唤醒、鼓励和激励。"① 当初中生进行写作时，教师的任务应该是关注
学生的全方位发展，而不应仅仅是教会学生写几篇文章。所以当教师在进
行作文评价的时候不应该一味地讲解、评价，应该让学生作为课堂的主
体，积极地参与到课堂中来，作文评价的过程应该是一个师生共同合作的
过程。在初中教学中，写作教学占有很重要的地位，它贯穿了整个初中阶
段。现在初中语文教学主要围绕的是考试测评之类的应试教育成绩，这种
缺乏形成性评价的考试成绩带给学生的反馈是消极的，会导致初中生对写
作怀有一定的恐惧感，进而产生在练习与考试中写作部分留白而不填写的
现象。过程性评价对学生有很大的作用，根据对中学写作教育的新要求，
将形成性评价的概念运用到实践中，可以激发学生对写作的兴趣，进一步
使其实现"我要写作"的目的，使作文评价的形式和内容更加丰富多样，
进一步丰富初中作文的教学内容，最后提高作文教学评价的效率。

---

① 〔德〕第斯多惠．德国教师培养指南 ［M］．袁一安，译．北京：人民教育出版社，
2001. 12.

（一） 初中写作教学效果的一般评价方式

"根据评价在教学活动中发挥作用的不同，可把教学评价分为诊断性评价、形成性评价和总结性评价三种类型。"① 首先，诊断性评价是在作文学习开始之前确定学生是否准备好而进行的评价。这并不是说学生是"好"或"坏"的，而是要设计一些活动，来帮助学生充分利用自己的优势和能力来纠正或克服他们的弱点。我们必须充分利用诊断性评价全面了解学生的能力和兴趣，来设计属于学生们自己的课堂。其次，形成性评价是布卢姆评价理论的重要组成部分。他以教育目标分类为基础来设计形成性评价。他根据学习的成果，分了从上到下等级的学习。在教学的过程当中，教师不仅可以对每个课堂进行评价，还可以对单元和学期进行评估。最后，终结性评价是对教育活动结束后教育效果的一个评估。它通过评估课程的价值，为教师提供信息或便于教师做出各种决定。

在传统的写作课堂中，初中写作教学评价一般以结性评价为主，教师对学生进行的评价过多看重学生的分数和等级，用分数和等级来判断学生最后写成的文章。教师缺少对学生作文形成思维的判断，只关注了学生最后完成的文章，从而摒弃了学生的内心的思想情感。例如：只进行终结性评价，考试之后，得到好的分数和等级的学生心理得到了满足，但是他们却不知道文章有什么精彩的语句、什么地方吸引别人以及为什么会得高分。作文成绩比较差的学生也往往会感到失望，并否认他们的优点，即使他们对写作很感兴趣，对待写作非常地认真，但是如果仅仅评价最后的结果，最后也会把他们的写作兴趣扼杀在摇篮之中。

在初中语文写作教学过程当中，教师在进行写作评价时不仅要关注学生作文的好坏，更要注重学生在写作文时的学习发展过程。学生进行学习

---

① 王道俊，王汉澜. 教育学 ［M］. 北京：人民教育出版社，1987. 58.

是为了自己更好地发展，而教师对学生写作进行的评价实际上对学生学习的发展有很大的帮助。当然一次成功的文章也并不能代表一个学生写作能力的好坏。教师在对学生的写作进行评价时，应该对它们进行整体评价，它包括学生的整个写作过程。我们不能否定终结性评价，因为它是教学在实践中的发展。但我们在关注结果的同时，更应该关注学生的发展过程。

（二）形成性评价在初中写作教学效果评价中的价值

形成性评价理论主要以教育目标分类学为基础。我们一般会在教学的过程中渗透形成性评价，它包括对每个学期的期中评价、每个单元的评价以及每个课堂的评价。在初中语文写作的教学中，语文老师在进行教学评价的时候，应更多地对学生的写作过程进行细致的评价，帮助学生评价作文的优缺点，确定学生的作文问题，及时调整学习策略，提高写作水平。不能局限于给学生评定一个分数，要使学生们能够继续体验写作文带来的进步和成功。

在教学过程中每个学习单元所做的系统性评价就是形成性评价。"一个学习单元就是教科书上某一章节所包含的内容，或者就是讲授 1 至 2 个星期的教学材料。"① 因为教学过程分成了好几个单元，所以每个单元的学习目标自然只占课程总目标的一小部分。然而，这些目标的实现程度往往对以后的学习产生直接影响，在整个课程中为下一步的学习做铺垫。

对于整个初中语文写作教学过程来说，形成性评价是一种特殊的反馈机制。它会收集关于学生是否达到写作目标的事实或资料，并要求采取一系列有效措施纠正教师教学和学生学习中存在的错误。这样教师不仅可以对学生因材施教，也可以让学生化消极情绪为积极情绪，做自己学习的主人，以实现学生写作的总体目标。形成性评价的主要目的不是评估学生的

---

① 〔美〕B·S·布卢姆等. 教育评价［M］. 上海：华东师范大学出版社，1987. 231.

学习成绩，而是为了改善学生写作学习的环境。

利用形成性评价能够提高学生的认识水平和自信心。在每个单元的作文写作过程中，教师会及时提供给学生反馈结果，学生可以通过反馈的结果来改进他们的学习方法和学习态度。这样不仅仅会增强学生的写作兴趣，还会帮助学生找到适合自己的方法，展示自己在写作上的才能。例如：在"抓住细节"这一作文课上，教师给学生布置一段细节描写的语句，完成任务后找几位同学进行展示，展示完成之后教师及时指出学生的优点和不足，对于优点及时地进行表扬，对于不足教师指出可以改进的方法，这样及时的反馈，学生不仅能感受到教师对他们的重视，还能增强学生的学习能力。

形成性评价在教师改进教学的方面表现也非常突出。除了学生学习的方法态度和学习成绩外，学生写作文的好坏在很大程度上还取决于教师。形成性评价不仅可以帮助学生整合写作过程当中产生的各种问题，也可以给教师发现写作中出现问题的机会，并反思在写作教学过程中到底出现了什么问题，比如是教学方法不合适还是教学进度不合适，通过找出发现的问题及时进行教学上的改进。形成性评价可以发现教师教学和学生学习中产生的问题，以便教师及时地进行协调、统一、完善。

（三）初中写作教学效果评价存在的问题及原因分析

1. 评价意识淡薄与学生写作兴趣的缺失

如今课堂的评价非常单一，只有片面的评价——老师对学生的评价，缺乏生生互评以及自我评价。在这样的课堂当中学生无疑会感到枯燥乏味，学生的才能受到了压制，学习效率极低。学生对写作文缺乏兴趣会导致学生写作的积极性不高。"兴趣是最好的老师。"没有兴趣就缺少内在的动力，这也是影响初中写作教学效果评价的原因。学生对写作缺乏兴趣主要有两方面的原因。从教师来说，教师给出的作文题目缺少创造性、没有新意。例如：有的教师会选择一些经常出现的作文题目，如难忘的事情、感恩某人等。对于这种类型的作文题目，学生们一定会感到很无聊。其次，还有一些老师会重复布置同一个类型的作文题目，例如：感恩母亲、感恩父亲、感恩老师等。学生经常写这类作文会习惯套用一种模式，先总写对他们的感激之情，再分写经历的事情，最后再升华，写作文的过程中就会缺少创造性。写作文的过程本身就是一个创造的过程，这种教学方法可能打击到学生的写作兴趣。最后，教师选择的教学方法不适合当前阶段的作文教学。有一些教师对学生的写作亲力亲为，在学生写作过程中时刻都要插手帮忙。这样学生的创作能力不仅不会得到锻炼，而且作文的形式都是一样的。还有一些老师在布置完作文任务后让学生自己进行写作，不解决学生在写作方面遇到的困难，使学生对写作失去兴趣。从学生的角度来说，其中的一个原因是学生的基础知识不扎实，积累太少。因为有些初中生的基础知识不牢固，所以在他们写作文时往往会有很多语病。其次，教师和家长为了能提高孩子的学习成绩，往往会带他们参加很多补习班。作业的压力压抑了他们的本性，他们很难做真正的自己，没有时间去做自己喜欢的事情，也没有时间去体验生活，没有时间去阅读其他书籍。因为初中生们没有对生活的体验，所以他们只能白费时间写作文，时间久了自然就对写作失去了兴趣。最后，还有许多学生误解了作文。因为考试带来的压力，所以他们始终对作文有一种恐惧感。他们觉得写作是为了应付考试，写作的成功与失败会直接影响考试的成绩，当学生对写作抱有这种态度时，那么他想要提高自己的写作水平会很困难。初中阶段是培养写作兴趣的关键阶段。初中语文教师要尽可能考虑到学生的兴趣，在布置写作任务时不要太难，尽可能反映学生的真实情感，以此来培养学生的写作兴趣，为以后的写作打下基础。

2. 写作目标不明与评价指向的缺失

"能具体明确、文从字顺地表达自己的见闻、体验和想法。能根据需要，运用常见的表达方式写作，发展书面语言运用能力。"① 这个是初中语文写作的总目标，它主要侧重于训练初中生的写作内容和写作方式。而这些总目标又可以分为 8 个阶段性的目标，这 8 个阶段性目标可以概括为三个部分：写作知识目标、写作能力目标、思维训练目标。但是一些教师仍然需要更好地理解写作教学及其目标。他们对写作教学目标的优点和缺点认识不够。教师如果对作文教学目标的范围没有明确的了解，那么他们如何确定每节作文课的写作目标呢？

因为教师对写作目标的认识不足，所以他们既不能整体把握也不能从全面的角度使用写作教材。在写作课上，会有写作目标应用于教学效率不高的现象。一上课教师就会立即要求学生写与这一课有关的作文，他没有对当节作文课正确的引入，对学生课前也没有一个正确的指导。有许多学生在写作文时只对其他文章的一些词做了一些修改就上交他们的习作，这种方式泯灭了学生在写作上的创新精神。事实上，写作来自生活。要想让学生在文本中表达自己的情感，就必须让学生进行实践。没有学生的实践经验，作文就无法做到生动、深入人心。教师在给学生布置写作任务时，必须让学生明确当节作文课的写作目标，让学生尽情地发挥，只要写出来的内容发自内心，就有提升学生创作能力的意义。一节作文课没有明确的写作目标，可能会削弱学生的写作目的。如果没有写作目标作为课堂的有效指导，那么这节作文课对学生写作提升就不会起作用。没有写作的兴趣，也没有写作的动机，无论是教师来教这节作文课还是学生来学这节作文课，都很难达到相应的写作训练目标，也很难丰富学生的写作知识、写

---

① 中华人民共和国教育部．义务教育语文课程标准（2011 年版）［S］．北京：北京师范大学出版社，2011.8.

作情感，提升写作能力。

毫无疑问，如果没有明确的写作课堂评价指导，那么评价教学效率就会产生问题。近年来，尊重学生、激励学生在教育中得到了广泛的宣传。然而，有很大一部分教师对教育评价产生了误解，导致了他们在写作课堂评价指向中出现了一些困扰。教师在写作课堂中面临着诸多问题。首先，对学生进行盲目的评价。例如，为了保护学生在写作课堂中的积极性，一些老师会在课堂上盲目地鼓励学生，当学生回答问题时，不管学生是否对作文有着自己的思考、是否回答得符合题意都一味地鼓励学生，总是用表扬的话语来评价学生。其次，教师为了激发学生写作的积极性，对学生的评价拒绝批评。教师不敢批评学生，即使学生作文中有抄袭的现象。因为一些教师对教育评价产生了误解，所以导致了这种必要的批评的缺失。长此以往，不仅不利于培养学生内在的、持久的写作动力，而且会让他们在作文课堂上更加地迷茫。初中生正处于身心发展的重要阶段，如果让他们缺少失望的滋味和犯错的代价，也会让他们在人生真正犯错误的时候缺少承担错误的勇气。

3. 写作指导不足与评价过程的缺失

教师应该在教学的不同环节渗透写作指导思想，写作指导包括确定题目主旨、发表自己的观点、根据自己的立意选择材料、确定文章的脉络结构、文章最后的修改，写作指导应该是一个完整的过程。写作指导的实施在很大程度上会直接影响学生的写作质量和水平。写作任务完成后，教师只注重如何引导学生、如何选材、如何书写等，他们往往忽视了对学生写作过程的指导。写作过程指导包括写作前的指导、写作中的指导和写作后的指导。通过对老师的采访得知，目前教师在指导学生进行写作时没有明确的策略和具体的方法，教师在指导学生写作方法时通常比较笼统，在作文写作课堂上，首先，教师简单地分析一下给出的题目，让学生自己进行设计，然后开始书写。一堂 45 分钟的作文训练课通常由以下主要部分组成：导入、教师提出作文任务、分析、进行写作、巡查、上交作业。例如：七年级作文"抓住细节"这一教学课堂上，首先，教师会抓住"细节"这个关键词进行导入，让学生运用合理的想象将一句话进行合理的扩展，可以适当地添加语言、动作、表情、心理等引出细节描写的定义。其次，教师引导学生完成立意的任务，让学生了解本节课要写的文章的中心。再次，教师给学生举一些例子，分析这些例子的优缺点。学生根据教师对范例分析的优缺点进行自己作文的书写，教师进行视察（在这个过程当中教师基本不会对学生进行指导）。最后，教师只是对巡查期间发现的优秀作品进行评价和修改，而其他作品则由学生收起来交给老师，教师将利用课下时间进行评价和修改。从上面的例子可以看出，教师在写作教学中只是偶尔指导学生一两个部分的写作过程，并没有对学生整个写作过程的每个环节进行具体的指导。尽管教师一再强调要培养良好的写作技能，但在写作过程指导的方方面面，却很难付诸实践，也很难研究其原因。因为教材中没有明确的指标，因此教师只能对写作过程的指导进行省略。

现在的写作教学通常只在课堂上进行，很少有教师进行实际的写作指导，学生在课堂上没有足够的时间阅读和思考。教师经常使用事先准备好的题目来布置写作题目，布置完任务之后直接让学生进行写作，根据学生的语句是否通顺来进行评价。在这种情况下，教师很少注意作文结构。这样的作文写作是一个重复练习的过程，对学生的写作能力提升几乎没有效果。如果从一开始就加强学生对作文全文的书写，那么就破坏了写作是一个渐进的过程的原则，如果学生的基础知识掌握不牢固，教师又不正确地指导阅读和写作的学习过程，那么学生就无法制定写作策略，写作水平也很难得到提高。总的来说，缺乏正确的领导、忽视循序渐进的写作是初中语文写作教学效率低下的主要原因。

4. 教学效果评价敷衍与评价效力的缺失

教学效果评价敷衍是写作教学效果评价存在的问题之一。在写作教学的过程中，教师应充分了解本学科的教学大纲和教学内容，应准确确定教学重点和难点，以便适当地将教学大纲融入每节课的教学当中。突破教学的重点难点，学生才可以积极地参与到教学活动中来，更好地发挥学生和教师在教学过程当中的作用。目前，写作课堂上存在的一个很大的问题就是教师对学生进行的评价缺乏客观性，比较敷衍。有很大一部分教师非常"尊重"学生，只会对学生进行夸奖，他们似乎看起来非常尊重学生对课堂的独特理解，但实际上，他们忽视了语文教育教学的基本特点，事实上教学评价不应因强调个人经验而变得毫无意义。

当前的写作课堂中还存在着评价效力缺失的问题。这要求教师在进行写作评价时要注意时效性的原则。所谓的时效性原则指的是在学生写作完成后的一段时间里，学生将得到教师适当有效的评价。为什么在写作评价活动中会出现学生得不到及时反馈的现象呢？这实际上是由写作本身决定的。写作的过程时间往往很长，传统的写作过程通常是教师布置写作的题目，学生进行写作，教师对学生的作文进行阅读，给出一个合理的评价，教师通常自己完成所有的批改工作，所以这将花费大量的时间。教师在布置完写作的题目后，学生会花费大量的时间去寻找材料，之后才开始作文的写作。最后，教师在进行评价的时候往往只会给出"优、良、中、差"的等级，对学生写作的进步没有实质性的建设意义。评价完成后教师还会进行讲评的工作，完成各项工作之后已经过去好几天了。作文教学并不是语文教学的全部，实际上在真正的教学活动当中其他内容的教学占据了大量时间，而留给写作的时间却很少。写作是一种短暂的、及时的情感表达，如果老师不能及时评估，学生在创作过程中就会遇到困难。所以，时效性原则在写作教学评价中就显得尤为重要，教师要及时地了解学生在写作中遇到的困难，发现学生在写作中出现的问题，然后帮助学生进行纠正，及时地进行评价。这样也会让学生知道评价的结果，从而修改和思考自己的作文。

（四）初中写作教学形成性评价的着眼点及方法

在教学新概念下，教学评价更侧重于参与性和互动性相结合，自我评价和他人评价相结合。总而言之，全世界对教育的评价正逐渐发展成为一个涉及教师、学生和家长的互动过程。一方面，这不仅反映了教育的民主化和人性化，更是学生自尊、自强和学生发展能力相互碰撞的过程；另一方面，可以通过学校教育和家庭教育相结合来提升学生的写作能力。

在初中语文写作教学形成性评价中，教师不应该只关注学生最后的写作成绩，应该更加关注每个学生的写作过程、写作习惯和写作态度，关注如何培养学生的写作能力。如在写作课堂上，教师不应该以标准答案作为写作的唯一标准，更应该重视学生在思考文章时的创造性思维以及他们在写作过程中如何对题目进行思考。另外，教师在写作教学过程中要提醒学生注意自己在写作中的成长，要鼓励全体学生都参与到课堂中来。在写作课堂中，教师要教会学生更加注重自己的日常写作方法，以及写作时需要形成他们的思想和情感。在这方面，教师要定期向学生介绍他们的优缺点，要让学生知道学习写作不能太注重分数，要注重自己在写作上的发展，这样在以后的写作中才会更加如鱼得水。

学生的评价在教学过程中分为对自己的评价和小组内相互评价。不同的学生在作文的学习过程中都存在着不同的写作习惯。在开学之初，教师应首先确定好班级应该达到的写作基本标准，然后再根据每个学生的学习情况和教师的指导意见，选取他们在这学期写作上最想要得到提高的地方，根据学生自己的学习情况拟订属于自己的学习计划，一份交给教师，另一份放入自己的档案袋。在教学的每个阶段，让学生进行自我评价和小组内互相评价，自我评价主要是学生根据自己的表现给自己打分，小组内互相评价主要是班级同学根据每个学生的目标进行监督反馈。在小组评价中可以设定百分比，形成一个梯度的评价，让学生在自我评价和小组内互相评价中反思，取长补短，共同提高写作成绩。

在初中语文写作教学形成性评价中，家庭和学校的合作是十分重要的。例如，学生往往需要家长的帮助来寻找信息和收集数据以积累素材；此外，学生养成爱读书的习惯也需要家长为其提供良好的阅读环境。如果父母能在一段时间内对学生的写作情况做出反应，教学评价的结果将更加客观、有效。另外，孩子出生、成长，同父母接触得更多，相处的时间也更长，因为孩子们信任自己的父母，所以他们能无条件地向父母表达自己的个性，这也有助于家长对孩子的全面了解。教师可以通过家长对孩子们的反馈，使学生在现阶段能够更好地思考自己的写作情况和学习下一阶段的写作。

三、目标导向写作教学的多元化评价

学生时代是最富有诗情画意、感情充沛的阶段，学生时代也是学生表达欲望强烈的阶段，然而，伴随着考试和升学的压力，教师和学生对学习的功利化态度日益明显，写作的课堂也因此黯然了许多。传统的作文评改以教师为主体，教师掌握着作文评定的绝对话语权。面对这种情况，我们提出多元互动作文评改，对促进学生写作素养的提高，具有鲜明意义。

（一）多元互动作文评改的功能

1. 多元互动作文评改的含义

多元互动中的"元"即"要素"，也就是指作文评改的主体。"多元"不仅指在作文评改中学生的参与、教师的参与，也可以指参与到学生作文评改过程的家长、同学、朋友等。"多元"相对于传统作文批改的"一元"

而言，传统的作文评改主体单一，甚至只有教师的参与，这样就形成了教师在作文评改过程中掌握绝对的话语权，长此以往会在一定程度上打消学生写作的积极性。"互动"即多个主体之间的交流探讨，例如：集体批改、小组批改、学生互改、网络批改、家长批改、当堂口头批改、评比比赛、合作式作文、自我修改等多种方式，使得更多的人参与到作文批改的过程中来，互动的作文评改方式，让单调、枯燥、单向、封闭的作文评改活动，变得生动、开放、富有活力。"作文评改"即"作文评价与修改"，评改作文过程中评价主体对学生的作文既评价又修改。"作文评改"与"作文批改"有较大不同，"作文评改"是"作文批改"的升华。评改的前提是评价，即评价主体对学生作文提出中肯的评价，后对作文提出合理的修改建议。评价最终要落实到学生的修改之上，我们常说作文是沟通的工具，学生看到评价主体对自己的作文提出的中肯建议，能够刺激学生与评价主体的沟通欲望，从而激发学生的写作兴趣。

2. 积极落实语文核心素养之要求

语文核心素养是在新课改的背景之下，为实现"立德树人"的根本目的而提出来的。顾之川将语文核心素养理解为以下四个方面内容："一是必要的语文知识，包括语言文字、文学审美、人文素养等知识；二是具有较强的识字与写字、阅读与表达（包括口语与书面语）能力；三是语文学习的正确方法和良好习惯；四是独立思考能力与丰富的想象力。"[①] 林崇德对核心素养的界定是这样的："核心素养是学生在接受相应学段的教育过程中，逐步形成的个人终身发展和社会发展需要的必备品格和关键能力。"[②] 其中写作教学是提升语文核心素养的重要途径之一，受应试教育的影响，应试型写作不需要细致入微的目标，而教师的教学则是有的放矢，

---

① 顾之川. 论语文学科核心素养［J］. 中学语文教学，2016（3）：16.
② 林崇德. 对未来基础教育的几点思考［J］. 课程・教材・教法，2016（3）：3.

它最终的指向也只不过是让学生在考试中取得理想的成绩。学生在教师的指导下学会模板式作文的写法，最终呈现在书面上的作文千篇一律，教师固定的教学模式限制了学生丰富的想象力。纵观当下的语文课堂，大多数学生写作面对三种情形：无事可写、无话可说、无情可抒。教师在写作教学中程序性强，在作文评改中掌握绝对的话语权。这样的写作教学会打消一部分学生的写作的积极性。而语文核心素养的提出旨在促进学生全面发展，真正将语文教育从教书走向育人。语文核心素养背景下多元互动的作文评改，其根本目的是巩固学生的语言知识积累，培养学生的语文学习能力，培养学生审美鉴赏能力，以此提高学生写作综合能力。苏霍姆林斯基这样说过："学生不会写作文，……其最简单的原因，就是教师自己不会写作文，学生从来没有听到过教师自己谈写作的切身体会。这种教师，即使让他用最完美的教法教上七年，也是教不出东西来的。"[1] 所以基于语文核心素养背景下的多元互动作文评改，要求教师既要有作文专业素养，又要积极转换角色，由写作指导者变身为写作评改指导者，充分发挥自身的专业技能和素养，积极探索多元互动的方式方法，以此来提高学生的写作能力。

3. 规避传统作文评改模式之弊端

作文评改内容包含评改主体和评语，传统的作文评改主体较为单一，主要体现在教师与学生的双边互动，甚至有时只有教师自己进行作文评改。这种单一的评改方式使学生得到的反馈趋向唯一，学生得不到多元化评价，这种单一的评改方式甚至会使教师将自己的思想强加在学生身上。久而久之，全班学生的作文也将趋向于一种写作模式，限制了学生的思想，学生的想象力得不到施展。再看作文评语，作文评语是师生互动交流

---

① 转引自顾琴. 浅谈教师如何"下水"教作文 [J]. 读与写（教育教学刊），2009，6（10）：155.

的双向形式。首先，从教师角色定位来看，教师有时会站在一个评判者的角度来评改学生的作文，导致教师对学生的评语都是千篇一律的，这使学生失去了与教师沟通交流的欲望。其次，从评语表述来看，传统的教师评价中往往出现以下词语：结构完整、书写认真、继续努力、语言流畅、中心突出等，这种模板式的作文评语千篇一律。最后，从学生的心理来看，学生拿到评改的作文以后，第一时间会翻开看老师的评语。教师的评价对学生写作身份的认同有着决定性的影响，学生渴望在作文中与老师交流，同时教师的反馈也是与学生进行交流的最好方式。细腻敏感的学生甚至会从教师的评语中揣摩老师对他的感情。单一化的作文评改主体和作文评语使学生无法感受到与教师交流的感觉，学生的写作激情也将殆尽。久而久之，作文也不再会是教师与学生之间的沟通工具。语文核心素养也强调培养学生语言、思维、审美、文化传承方面的能力，而培养学生的这些能力也要依靠师生之间的多元互动。所以教师应把写作的主动权交给学生，使学生发挥自己的想象力，同时让学生参与到写作评改的过程中来，也会大大提高学生写作的积极性。

（二）多元互动评改的意义

基于语文核心素养开展多元互动评改要求多元主体之间的交流互动，作文的评改也不再仅凭教师的一堂之言，让更多的评价主体参与到作文评改的过程中来，使得评改的效果更好。黄日金在《浅谈学生互批互评作文》中指出："让学生参与作文批改和评价，可以帮助学生找出自己在写作方面的缺漏，取人之长补己之短，从而激发学生的写作兴趣，提高学生的写作水平。"① 因此多元化的主体参与到作文评改中，学生之间养成交流的习惯，交流的过程也是一个学习的过程，自己如果写得好，被人欣赏，

---

① 黄日金. 浅谈学生互批互评作文［J］. 中学教学参考，2017（11）：20.

会激励自己更加努力；如果看到别人的好会见贤思齐。正如《普通高中语文课程标准（2017 年版 2020 年修订）》中要求的"鼓励学生、家长、教师、教学管理人员等参与课程评价"，① 作文评改在坚持主体多元化的同时，也应该致力于提高学生的语文核心素养，将语文核心素养的内涵与作文评改相结合。

1. 对教师层面的意义

学生是学习的主体，教师是学生学习的引导者。写作评改是当代教师的必备素养，多元化的作文评改方式使得教师可以吸收不同评改主体的建议，丰富自己的知识素养，防止思想单一化和模式化。所以在写作教学过程中，为了激发学生的兴趣，教师应扮演不同的角色。①一个有鉴赏力的读者。作文是沟通的工具，教师成为学生的读者，学生就会感觉有了一个可以倾诉的对象，就有了一种情境、一种被期待，从而能够激发学生的写作兴趣。②一个有深度的思想者。教师在评改作文的过程中将学生的思想升华，使他们感受到思想的魅力。③一个能疏导学生的知心朋友。作文是学生心理的体现，教师在面对学生作文中反映出来的种种迹象，不能选择熟视无睹，而是应该安慰、激励学生，使学生把老师当成可信任的倾诉对象，从而实现教师与学生的良好沟通。④一个写作爱好者。教师也应会独立地写作，教师如果缺乏对写作的切身体验，那他不会写好一篇作文。探讨基于语文核心素养的写作教学现状，改变传统的写作教学观念，实现教师的教学方法和教学模式的改变，提高教师教学教研能力，有利于促进教科研气氛的形成。

多元互动评改赋予了教师新的角色，比如：做批改方法的指导者，在作文评改的课堂上，学生对于评改作文的方式方法比较陌生，对作文评改

---

① 中华人民共和国教育部. 普通高中语文课程标准（2017 年版 2020 年修订）［S］. 北京：人民教育出版社，2020. 45.

缺乏正确的认知甚至有点措手不及，这时教师应该做一位评改方法的指导者，教给学生评改的方法；做评改活动的策划者，充分策划多种形式的作文评改活动，积极调动学生的积极性，有利于激发学生写作的兴趣；做多元评改的首席，尽管坚持多元化的主体参与到作文评改过程中来，但教师应明确自己在作文评改中的首要地位，所以教师应具备最基本的文学素养，才能在学生的作文评改中做出贡献。

2. 对学生层面的意义

在高中阶段语文核心素养包括语言建构与运用、思维发展与提升、审美鉴赏与创造、文化传承与理解。以语文核心素养为基础，多元化的评改方式能够使学生丰富自己的词语库、积累作文素材，培养学生乐于表达，主动与他们分享自己的生活经历与学习经验等，让学生在交流分享中得到提升，能够使学生获得思维的发展。潘涌指出："'表达力'是指输出语言符号后在对象身上所产生的动情启思的积极效应，'思维力'则是指主体运用语言符号在大脑内部展开'产出活动'，从而为之后输出思想观念而深度酝酿的一种积极功用。"① 所以在语文核心素养基础下的多元互动评改能够帮助学生准确、快速地辨识有效信息，做出正确的推论与表达，从而在写作过程中从自己的词语库中提炼准确的词语来表达情感；能够在交流过程中形成良好的审美意识、健康向上的审美情趣，提升自己的审美品位；能够在交流中体会到文化的丰富，通过大量阅读优秀的传统文化，使作文素材得到丰富，提高作文水平，有利于积累作文素材。

"评价主体多元化，多元主体之间的关系是：学生是积极的参与者，家长是合作者，教师要做评价专家，但这三者绝不是各评各的，三者之间的关系是评价的伙伴。学生们相互之间、家长之间、教师之间也是合作交

---

① 潘涌. 语文核心素养："表达力"和"思想力"——基于 PISA 最新分析报告［J］.
首都师范大学学报（社会科学版），2017（3）：149.

流的关系。"① 学生、教师、家长之间的多元互动评改，能够激发学生交流与倾诉的欲望，从而将表达欲望体现在写作上。

（三）初中多元互动作文评改现状

现状是教师仍是一人包揽作文批改。学生辛辛苦苦地写出一篇作文，老师为了追求批改效率，很多时候只是用套路化的评语进行批改、评价，如："表达生动准确""淋漓尽致"等，即使打分数也是根据平时该学生的学习情况、给自己留下的印象等，缺乏客观性与公正性。于是，对于发下来的、教师批改过的作文，学生只关注分数和评语，对于自己作文所表达的内容，往往缺乏再次阅读、寻找不足之处的想法。

初中，是小学与高中的衔接阶段，此阶段的写作教学是非常重要的，应该引起教师与学生的重视。写作评改教学是语文教育一直关注的热点话题，新课标也对作文评改教学提出了相关要求。目前初中语文作文评改已一改往日不被重视的情况，真正走入了语文课堂并取得了一些成效。但是在作文评改教学中，教师教学方面和学生改正方面仍然存在一定的问题。

"学习动机是进入良好学习状态的前提条件，学习动机是一般动机在学习过程中的表现，是推动学习者进行学习的一种内部力量。"② 兴趣是学生学习最好的老师，很多同学认为作文评改是在浪费时间，大部分同学希望通过多元化的评改方式来提高自己的写作能力。只有学生对作文评改产生积极的看法和兴趣，教师才能更好地开展作文评改教学。

教师的作文评改主要以评语的方式传递给学生，学生拿到作文本，都很关心教师写了什么，教师一定要有这样的意识：相信作文的背后是学生细腻活泼的心灵。大部分的学生会认真领会教师的评语，及时根据教师指

---

① 郭润贤. 多元智能评价在职中语文教学中的运用 ［J］. 中山大学学报论丛，2006 （8）：224.

② 章泽渊等. 教育心理学 ［M］. 北京：人民教育出版社，1986.35.

出的问题进行修改，而只有极少数的同学对教师的评语不够重视。作为教师应找出学生不重视作文评语的原因，给予学生及时、合理的纠正，保护学生丰富而充满想象力的青春世界。

（四）教师实施多元互动作文评改的分析

1. 教师习作评改观念存在偏差

（1）教师教学观念较为陈旧与片面

在传统的作文课堂中普遍存在写作教学的机械化、程序性过强的情况，教学模式单一。教师将语文核心素养这一基础与写作教学剥离，当前教师在写作教学中将更多的关注点聚集到写作方法上，如找准立意、语句准确、字数完整、书写工整等，这只会使写作教学越来越僵化。长此以往，学生的作文也被趋于相同，变得模式化。这种教学观念之下，学生无法与其他人交流感想，学生的兴趣也被慢慢消磨掉。教师应摒弃陈旧的教学观念，创新教学形式，在语文核心素养之下，结合新课标的要求，不仅要认识到学生的基础知识的重要性，还要注意训练学生的思维能力。如一位教师在给学生批改作文时的评语为"你的字迹工整，书写很优美，老师要向你学习"。学生的一篇作文教师只关注到学生的书写，而没有对作文的内容进行详细的分析，完全偏离作文评改的方向。久而久之，学生对教师的评语也不再期待，学生的写作思维也越来越僵化，最后学生作文都将模式化。

（2）教师写作素养和底蕴不够深厚

叶圣陶先生说："教师欠缺修养功夫，教育事业的根本就得了病。"①他认为语文教师应该在自己的专业方面有丰富的知识和独到的见解，这样才能帮助学生，促进学生增长知识。教师既要精通写作，还要涉猎有关知

---

① 叶圣陶. 叶圣陶集（11）[M]. 江苏：江苏教育出版社，1991.4.

识。然而大部分教师本身相关知识基础薄弱，又加上对写作学习缺乏兴趣，知之甚少，在写作教学时容易停留于表面。"教而不研则浅，研而不教则空。"① 很多教师认为，从事课堂教育的教师，只要上好课就可以了，没必要对写作教学进行研究，这恰恰是一种偏见。很多学生也是因为教师的作文写得好，学生心生仰慕才爱上写作的。教师只有具有深厚的写作素养，才能起到榜样作用。

（3）教师掌握作文评改绝对话语权

写作评改教学过程中，普遍存在教师对作文的"一言堂"的现象，讲评作文的主体应该是多元化的，可以是学生、教师、家长、朋友等，而并非是教师一人。讲评主体受限，教师掌握绝对的话语权，会妨碍一部分学生的积极性。教师在作文评改中的话语权主要体现在评价主体只有教师。评价主体的单一会导致作文评价单一，只有教师对学生的作文进行评改，会导致教师对学生的作文产生主观臆断，学生也会随着教师的思想走，这样会限制学生的想象的发挥。学生得到的评价形式单一，得到教师的评价就只有评语，且大多数学生认为评语是只有教师才能写的，认为作文只需要语文教师负责，学生只负责写完即可，这使得学生得不到多主体、多方面的评价，思维受到限制。写作评改主体多元化，有利于培养学生的读者意识，激发学生的创作灵感，使得学生的素养在不同主体的评价中得到提高。

2. 教师习作评改目标固定且意识淡薄

（1）教师习作评改目标固定化

应试教学的大环境下，大部分教师的写作教学目标变得固定、死板。写作教学目标为了考试而制定，如高中教师固定训练学生写议论文，初中

---

① 张超. 别开生面的阅读与写作［M］. 北京：中国人民大学出版社，2017. 149.

教师固定训练学生写记叙文等，从而使得教师评改作文模式化，教师利用单一的标准去评改学生的作文，评改的目标也只为考试。这极大程度上限制了学生想象力与创造力的发挥，作文中充斥着言不由衷的话语和随意编造的事实，这种作文并不是学生心灵的自由表达。这种应试教育情形，禁锢了学生的思想，降低了学生的写作兴趣。这就要求教师打破固有的评改目标，创新写作目标。如"感恩""励志"这一类比较老套陈旧的作文主题，学生写作也会按照一套固定的模式来写，这样的作文没有新意、死板、模式僵化，长此以往学生会觉得作文枯燥无味。所以，打破固定的写作模式，摒弃传统的写作目标，才能使教师的评改目标多元化。

（2）教师评改目标意识淡薄，教学呈现无序性

面对写作教学，教师大多数情况根据自身经验而设计教学。在这节课中教师认为材料很重要，便提醒学生积累素材；在那节课中，认为立意很重要，便提醒学生仔细审题；另一节课，认为书写很重要，便告诉学生练习书法……教学呈现无序性，教师很少去思考系统的作文训练要求与内容，甚至有些教师写作前无指导，写作后无评改，认为写作课可有可无。这种情况直接导致写作评改无法进行，教师的评改目标意识淡薄，教师不重视写作评改，未认识到写作评改的目标是激发学生写作兴趣、提高学生文学素养，这也就间接导致写作教学课堂杂乱无序。

3. 习作评改过程与习作指导分离

（1）习作评改过程过长，打消学生积极性

语文评改本身任务繁重。语文评改是项烦琐且需要时间的任务，再加上教师任务繁重，沉重繁忙的工作使得教师忙得焦头烂额，可能教师除了评改作文之外，还有学生随笔等其他文字性的作业。这就会无形之中拖慢教师作文评改的速度，使得作文评改过程延长。

以下问题会对写作产生危害：学生脱离生活，因为其中一部分学生前

期缺乏写作素材，写作能力不足，词汇量有限，表达能力不足，本身学生对写作的积极性不高，这部分学生写作会脱离实际生活，不注重对实际生活的观察，喜欢看作文参考书，这样便会使这部分学生更加不重视写作学习，学生新鲜度降低。习作批改时间过于冗长加上教师传统的评改方式及对作文的否定，待到几周后再进行作文讲评时，学生早已没了写作时的热情，学生的写作积极性长此以往也会被打消。

（2）习作评改过程脱离习作指导

一个班级之中，学生的写作水平参差不齐，对材料的理解也各不相同，自然学生写出来的作文也不一样。一般情况是，教师发放作文材料，简单地做一些说明，便让学生进行写作，有的教师还会给出一些范文示例，让学生模仿学习，学习一种固定的作文模式。甚至有的时候教师对学生写作基于一种理想化的状态：学生可以在规定的时间之内按照教师规定的题目写出一篇极好的文章。习作评改过程脱离前期的习作指导，会导致学生作文低水平现象，这种低水平现象难以促成写作水平的提升，反而加重学生对写作的抵触心理。

（五）多元互动作文评改策略

结合初中写作评改现状及原因分析，笔者提出了以下的策略。教师和学生要结合自身实际，积累相关基础知识，丰富生活体验，提高写作能力，提升文化审美水平。教师要根据作文特点和类别，确定教学设计的重点，开展写作教学。

1. 写前以读促写，评价阅读理解力

阅读与写作之间相辅相成，这已经成为众所周知的话语。纵观统编版语文教材，呈现的都是以阅读为主体，以写作为辅助的局面。阅读是写作的基础，也在教学中被积极地倡导与响应。一个读书多的人，作文并不一定写得好，但是一个写作好的人，一定是一个博览群书的人。

阅读和写作是语文教育和学习的核心，叶圣陶先生早在1942年的著作《略读学习国文》中就强调过："从国文科，咱们将得到什么知识、养成什么习惯呢？简括地说，只有两项，一项就是阅读，又一项就是写作，这两项的知识和习惯，他种学科是不负授予和训练的责任的，这就是国文科的专责。"① 作家郑义在《回忆我们的语文课》中说道："语文学习的最终目的无非就是阅读和写作，并非解词、分析段落大意。最好的是手段'模糊'一些，目的'清晰'一些。"② 纵观上述专家观点，明确了总目的，才能有助于寻求一些帮助学生写作之前以读促写、增强学生理解力的措施。

（1）重视课内阅读，随时随地观照写作

在课文中寻找训练写作的切入点，使学生可以随时随地进行写作训练。学生在阅读理解课文的基础之上，发挥想象力，表达自己的观点，有利于培养学生的阅读理解力。学生对文章的理解可能会产生不同的观点，教师不能使用单一化的评价标准对学生的观点做评判，教师要尊重且理解学生不同观点的存在。

《奥斯维辛没有什么新闻》一课中，那位二十多岁的姑娘，长得丰满、可爱，温和地微笑着，似乎为着一个神秘的梦想而微笑，当时她在想什么呢？这也是课文中的一道课后练习题。学生面对着这种"留白式"的课文，可以尽情地发挥想象力，自由地表达自己的观点。这种"留白式"的课文也是对文章中人物与表达主题的进一步理解。教师面对学生丰富多彩、天马行空的想象力，要做恰当的评改，防止学生偏离中心主题而随意理解。

---

① 全国中语会. 叶圣陶、吕叔湘、张志公语文教育论文选［C］. 北京：开明出版社，1995：14.

② 陈涛等. 专家作家谈语文学习［M］. 北京：语文出版社，1985. 265.

"欧·亨利式结构"是学生熟悉的一种结尾艺术，是指"结尾出乎意料，又在情理之中"。这种结尾方式容易给人惊喜，让人眼前一亮，但又不会突兀，因为一切都合乎情理。课文《项链》《我的叔叔于勒》等，都采用了这种结尾方式。学生在阅读这种课文后，教师可以引导学生学习这种结尾艺术，以读促写，使学生应用到自己的作文之中。如一位浙江考生的高考优秀作文《一个天真烂漫的女孩》便应用了这种手法。

"哥哥"，一声甜甜的声音传了过来。

我转过身，看见一张精致的脸蛋，上面有温暖的微笑。这一刻，我好像不再颤抖，寒意也被驱散了好些。"小妹妹，有什么事吗？"我盯着她，她发丝上还残留着雨滴。

"你没带伞吗？我带伞了，我送你回家吧！"说着，甩甩手中的花伞。

……

"哥哥，等等！"一声疾呼。我微笑地转过身："什么事啊，小妹妹？"她急忙跑上来，从口袋里拿出一张纸："哥哥，帮我签个名吧，我要竞选班长，所以出来帮助别人……这么大的雨，多好的机会，哥哥，快签名吧！"

高级教师张超在《别开生面的阅读与写作》中是这样评改这篇高考优秀作文的，"构思精巧，欲抑先扬。文章前半部分充分描写自己的困窘狼狈——雨中无伞，为下文情节发展铺垫蓄势。在'我'最需要帮助的时刻，小姑娘和雨伞一同出现了，小姑娘的形象光彩照人——简直就是'活雷锋'，'我'对小姑娘充满感激和好感。作者的高明在于，结尾大逆转——小姑娘在雨天助人为乐，原来是出于竞选班长拉选票的功利驱动。这一情节逆转，出人意料，又合乎情理，一下推倒了小姑娘前面留给我们的美好形象，使作者和读者都大失所望，原本温暖阳光的好心情，顿时像雨天一样灰暗凄凉，颇得'欧·亨利结构'的神韵。"① 浙江考生所写的作文《一个天真烂漫的女孩》巧妙地运用"欧·亨利结构"，反转结局，让人出乎意料。高级教师张超中肯的评价合情合理，使学生对自己作文的了解一目了然。现代教学课堂中，教师应擅于运用语言的力量，评改学生阅读理解力，采用多元化的方式，使得评价中肯、有效。

（2）强化阅读，提高写作能力，评价阅读理解力

作为一名语文教师最好具有较高的专业能力和丰富的文学素养。同时作为一名学生也应该具备丰富的文学素养，丰富文学素养的方式多种多样，但最直接有效的方法就是阅读。语文核心素养包括文化传承与理解，教师要引导学生大量阅读优秀的文学作品，使学生感受不同地区的文化，同时传播中华优秀传统文化。教师要引导学生运用辩证的眼光来评价古今中外优秀文学作品。学生可以通过网络、报纸等多种方式了解国内外时事，关注当下生活，发表自己的见解，不断提高自己的文化理解，可以将自己独特的见解与同学、老师进行分享，教师要允许学生独到观点的存在，在交流中共同提高。

2. 写中点拨启发，评价语言表达力

在应试教育背景之下，写作教学、写作评改已形成固定的模式。写作教学一般步骤为审清题意、教师进行简单的指导、学生写作。写作评改又因为教师自身因素拖长评改时间以及评改主体单一导致学生的写作积极性不高，学生的语言表达力得不到明显提高。教师应创新教学过程，尤其是在对学生进行写作指导的过程中，细化指导过程对学生进行点拨启发。如

---

① 张超. 别开生面的阅读与写作［M］. 北京. 中国人民大学出版社，2017. 229—230.

在立意的过程中，要细化立意的步骤，教师应该在指导学生审清题意、揣摩内涵之后，分析研究，与学生一起探讨，在不随意否定学生思想的前提下给予学生建设性的建议，选择文章中心，确立其中心思想。教师应及时更新教学观念，摒弃旧的教学观念，才能给予学生新的思想。一篇作文的布局，既有固定的方法，也没有固定的方法，所以在教学过程中，教师既要给学生一定的方法，让学生有所依据，又不要让固定的方法束缚住学生的思想。

写作的过程是学生文学素养、语言基础得到发挥的时刻，语文核心素养包括语言建构与运用，学生要想培养自己对词语的敏锐感知力，就要靠自己平时多阅读、多多积累，以此来丰富自己的词语库。通过主动的积累才能准确地掌握运用语言文字特点的规律，从而提高自己的写作素养。

"口头言语与书面表达有着紧密的联系，如果口头作文有效实施，可以使学生的语言能力不断提高，进而可以提高学生的写作水平。"[1]　由此可见，创新作文形式，教师给予恰当指导，也是提高学生写作水平的一种方式。

3. 写后师生修改，评价思维发展力

作文是沟通的工具，大部分学生在写完作文后都渴望得到教师的评改，学生想要通过作文与教师进行沟通，作文下发时学生也会第一时间想要看评语，想要通过评语知道教师对自己的感情。写作评改的过程也就是思维重新建构的过程，通过对比自己与他人的作文，能够使学生写作能力得到提高。通过对初中学生的访谈，总结以下三种师生修改作文的方式。

（1）教师当堂口头评改

学生当堂完成作文，教师在课堂上当堂评改学生作文，教师可以选取

---

①　卢群. 基于语文学科核心素养的高中作文教学初探［J］. 文学教育（下），2018（7）：112—113.

指定的学生朗读作文，也可以学生自告奋勇分享自己的作文，又或者教师选取最具有代表性的作文进行评改。学生在朗读过程中，其他学生可以边听边记下朗读者的作文的优缺点，并对其优缺点提出修改建议。

这种批改形式一定程度上节约时间，提高学生的语言表达能力，在学生对作文最熟悉的时候进行评改，学生也能第一时间知道自己的优缺点，防止时间拖长造成学生对所写作文的遗忘。同时学生在听取其他人的作文时也可以取长补短，听见比自己优秀的作文，学生可以见贤思齐。但这种作文评改形式也有缺点，缺点就是教师很难做到每个学生都能分享自己的作文，这就容易忽视一部分学生，影响学生写作的积极性。

（2）合作式评改

合作式评改简而言之就是先让同学们之间互相批改，批改后下发到学生本人，学生自己根据同学们提出的建议对作文进行初步修改，最后教师进行评改。这种评价方式主体多元化，学生修改自己作文的过程也就是思维重组的过程，通过这种方式有利于发散学生的思维。教师的评价又是整个评改过程的升华与总结。

（3）集体评改

集体评改类似于当堂口头批改，就是教师选取具有代表性的作文在全班面前进行评改，评改过程中同学们可以踊跃地发表自己的建议。这种方式学生参与度高，但是评改只能做到代表性，而做不到面面俱到。

通过以上评改方式，学生可以通过语言的运用，获得思维的发展与提升，学生在表达时，力求用最准确的语言表达自己的思想，在表达时还会尝试多种句式，力求表达的完美。

语文核心素养背景下的多元互动评改方式追求评改主体多元化、评改方式多元化和评改标准多元化。不摒弃传统的教师评改方式的前提下，力求多元化教学。传统的教师评改过程中，教师要擅长写评语，使作文成为教师与学生沟通的桥梁。教师评语应该简单、通俗、易懂。教师的评语经常会较为抽象笼统甚至千篇一律,这样的教师评语没有针对性,学生也毫无收获。教师的评语应该激励学生,指出学生的优点并给予表扬,而不是忽视学生的劳动成果,对学生的作文进行大量的删改,这样会严重打击学生写作的积极性,甚至会使学生产生自卑心理。

如曹玉林在书中写到,有一次在写作文《我》时,"她写道:'我是一只不起眼的丑小鸭,与城里的同学比起来,自己显得太丢人了,总觉得在老师和同学面前抬不起头来。'教师读后感触很深,为了让她尽快自信、自强起来,于是写下了这样的评语:'一只不起眼的丑小鸭,飞进了我的丛林,我怜爱她的自卑和娇弱,我欣赏她的诚实和坦率,我更珍爱她渐丰的羽翼。老师相信,这只丑小鸭终会成为茂密丛林中一只骄傲的白天鹅。'从那以后,这位同学爱上了写作,作文水平不断提高,后来还以优异的成绩被重点高中免试录取。事实证明,教师充满爱的情感抚慰是学生健康发展的源泉"①。可见教师的鼓励与欣赏对学生来说是宝贵的财富。

评价主体不再仅限于教师,在现代教学中学生、家长、互联网、多媒体都渐渐成了学生作文评改的主体。如比较新颖的家长评改,采用这种评改方式,家长可以评改自家孩子的作文,也可以修改其他学生的作文。这种方式可以把学生家长的积极性调动起来,使家长参与到学生作文评改过程中来。有利于家长与学生之间的间接沟通,家长也会更加了解自己的孩子。从学校方面来看,有助于推进家校合作。

---

① 曹玉林.重视作文评语的人文性和艺术性〔J〕.中学课程辅导:教学研究,2012 (10):89.

第六章

目标导向的读写一体化教学

　　作为语文教学重要原则之一，"读写结合"教学模式是一个长期以来受人关注的问题，在初中语文的教学过程中起着至关重要的作用。"读写结合"最早只是应用在小学语文的教学中，而随着越来越多的人开始意识到"读写结合"在语文教学中的重要性以及其广阔的使用空间，人们开始打破传统，将"读写结合"的教学模式应用在各个学科、学段的学习中。读写一体化是新课标所提倡的读写结合对初中生语文学习的基本能力要求，有效促进学生读写一体化是语文教学重要的任务之一。根据新课标的指示，初中语文的学习必须重视"读写结合"的应用。在这一思想的影响下，涌现出了大批相关的研究，目前在我国"读写结合"教学策略的研究比较热门，特别是在统编本教材面世并投入使用之后。作为最新版本的初中语文教材，统编本教材受到了广泛的关注，一线教师也利用统编本进行了"读写结合"教学的探索。当前语文教学中已普遍推行读写结合，对读写结合的研究也不在少数，但基于目标导向教学理论探讨读写结合策略的研究较少，在实际实施过程中仍然有些教师不能完全领悟有效教学理论的内涵，将阅读教学和写作教学有机融合，在促进学生读写一体化方面存在一些问题，致使读写结合教学质量低效。本章将在明确基于有效教学的读写一体化相关概念和意义的前提下，以有效教学为切入点，结合具体读写教学案例分析其中可取之处和存在的不足，通过有效教学理论审视读写结合，探讨提高学生读写能力的教学策略，为教师更好地开展阅读和写作教学提供建议，培养学生读写应用能力，促进初中生语文读写一体化，充分发挥读写教学对学生语文素养的提升作用。

一、目标导向读写一体化教学的理论依据

（一）目标导向的读写一体化教学相关理论

课标对初中生阅读和写作能力培养的总体目标是：具有独立阅读的能力，学会运用多种阅读方法。有较为丰富的积累和良好的语感，注重情感体验，发展感受和理解的能力。能具体明确、文从字顺地表达自己的见闻、体验和想法，根据需要运用常见的表达方式写作，发展书面语言运用能力。[①] 在具体实施建议部分指出要"重视写作教学和阅读教学、口语交际教学之间的联系，善于将读与写、说与写有机结合，相互促进"。[②] 这不仅要求学生在阅读和写作过程中各自做到学有所得，还要求教师将阅读教学和写作教学相互渗透，融为一体，着眼于学生语文素养的整体提高。新形势对教学提出了更高的要求，因此，面对这一挑战，教师必须深刻领悟有效教学理论的内涵并采取举措促进学生读写一体化、提高教学效率。

深入解读与领悟读写一体化和目标导向教学的内涵是实现读写结合教学有效性的重要前提。随着语文读写教学实践的深入发展，基于目标导向教学的读写一体化的理论内涵也越来越丰富。

1. 读写一体化。

读写教学目标的实现要求教师善于将阅读教学和写作教学结合，使学

---

① 中华人民共和国教育部．义务教育语文课程标准（2011 年版）［S］．北京：北京师范大学出版社，2012.7.
② 中华人民共和国教育部．义务教育语文课程标准（2011 年版）［S］．北京：北京师范大学出版社，2012.24.

生读写能力得到协同发展。关于"读写一体化"学界并无明确定义，顾名思义就是教师在制定切实可行的教学目标的前提下，通过采取有效的教学方法，合理组织安排阅读教学和写作教学的内容，将阅读教学和写作教学有效结合，可以先读后写、先写后读，也可以边读边写，由此使学生阅读能力和写作能力得到共同提高。读写一体化强调的是学生能力的发展，它的整个教学过程是训练学生读写的过程，主体是学生而不是教师，因此教学目标的实现关键在于发挥学生的主动性，提高学生课堂参与度，同时教师在教学过程中注重适当加以引导。学生读写能力的发展是学习和运用语言文字的过程，不仅为学习其他学科课程打下基础，而且对学生综合素养的提升至关重要，关乎学生学习能力的提高和全面发展。由此可见，读写一体化不只在语文教学中占有举足轻重的地位，对学生个体发展也具有十分重要的意义。

2. 基于目标导向教学的读写一体化。

"目标导向教学"既为"教学"就要立足于教师的"教"，通过教师的教学行为影响学生的学习能力。华东师范大学教授崔允漷说："有效教学不是理性的思辨，而是基于证据的推论。教学'有效'的唯一证据在于目标的达成，在于学生学习结果的质量，在于何以证明学生学会了什么。"① 可见，目标导向教学的核心是关注教师的教学效益以及学生的进步与发展，教师的教学质量越高，学生的学习效率越高，学生的进步是教学有效的直接体现，也是教学的目的所在。此外，对于目标导向教学，姚利民在其博士论文中这样阐述道，目标导向教学是指"教师通过教学过程的合规律性，成功引起、维持和促进学生的学习，相对有效地达到了预期教

---

① 崔允漷，夏雪梅."教－学－评一致性"：意义与含义［J］. 中小学管理，2013（1）：4—6.

学效果的教学"。① 同样说明目标导向教学的实现有赖于教师对学生学习过程的干预，使学生参与课堂活动，从而提高教学效率。初中语文的目标导向教学在于教师适当引导，通过以科学的教学目标为指引，在尊重初中生身心发展规律和各自认知差异的前提下，合理运用语文课堂教学理论、实用方法与技巧，正确选择教学内容，发挥学生在语文课堂上的主体性，提高学生课堂参与程度，从而使教学效率最大化，打造有效、高效的语文课堂。

读写一体化的主体是学生，目标导向教学的主体是教师。读写一体化的目标导向教学就是教师将目标导向教学的理论灌注于初中语文读写教学中，通过制定切实可行的教学目标、采取科学实用的教学方法把阅读教学和写作教学结合起来，发挥学生参与阅读与写作的主动性，使读与写的能力得到同步提高，打造高效的语文课堂，努力达成新课标对初中生的培养要求。在新课程改革背景下，读写教学目标的实现和学生素质的提高都有赖于教学的有效性。目标导向教学的意义就在于通过把目标导向教学理论与阅读和写作训练结合，使读写能力发展不再仅仅局限于以追求考试成绩为目标，而更着眼于教师通过采取恰当的读写结合教学方式激发学生对阅读和写作的兴趣，发挥学生在学习中的主体性，让学生学会自主学习，主动积极地参与语文课堂，在阅读和写作训练中获得较多的有效知识，促进读写一体化和语文综合素养的提高。同时教师在读写能力训练中还可以培养学生的创新能力和思维能力、良好的情感态度和价值观，提高教学效率和学习质量。基于目标导向教学的读写一体化需要教师与学生的共同参与和努力。

基于目标导向教学的读写一体化方式与通俗意义上的读写能力发展相

① 姚利民. 有效教学研究［D］. 华东师范大学，2004.

比，具有较强的现实针对性，尤其是在当前所处的应试教育过于注重考试成绩、忽视学生兴趣和自身能力发展的大背景下，这一教学理念更强调教师结合目标导向教学理论调动学生参与读写学习的兴趣和主动性，更关注学生的进步和发展，而非关注教师是否达到课标对学生的知识能力要求或升学考试的标准、是否完成教学任务。基于有效性的读写一体化更加注重通过读写训练促进学生自身素质的发展，为学生的全面发展和终身发展奠定基础，价值取向趋于多元化。目标导向教学理论和读写结合教学结合，使理论真正服务于语文教学实践的发展，为未来社会培养具备综合素养的高素质人才。

（二）目标导向的读写一体化教学的发展

基于目标导向教学的读写一体化教学在语文教学实践发展历程中经历了曲折的演变。"目标导向教学"作为一个专有名词的提出，始于美国，根据美国教育学家加涅的观点，所谓目标导向教学就是符合教学规律，有效果、有效益、有效率的教学活动，是针对当时美国学生学习成绩普遍下降的问题而提出的。而在我国，目标导向教学属于"舶来品"，它的实施依托于新课程改革。由于课程改革所倡导的相关理念需要在教学领域中不断实践才能落到实处，因此，"目标导向教学"便作为一种提高课堂效率的理论应运而生。它在我国的推广主要得益于应试教育背景下某种功利化、浅显化的认识。

就我国读写教学的实践发展来说，文章写作自商周时期就已出现，学生的写作能力主要通过阅读习得而没有专门的写作教学，较为重视通过大量阅读积淀语感和文体感，"是从感性的方面培养写作者写作动力和写作技能、方法的经验"。① 民国时期，初中语文课标要求学生精读名著的报告

---

① 马正平. 中学写作教学新思维［M］. 北京：中国人民大学出版社，2003. 59.

或研究，多读名家作品，并以之作为模范，同时，还要注意精细化阅读与作文练习之间的密切配合，以使阅读所得能够真正应用于作文训练或将每次作文练习引入精读教材教学中。这些提法对读写结合做出明确要求，二者的结合也初步得到重视。而在 20 世纪八九十年代，语文教科书的编写又普遍将阅读和写作分编成册，由此，阅读教学和写作教学再次被割裂开来。进入 21 世纪之后随即编订了《全日制义务教育语文课程标准》（实验稿），对阅读和写作各自提出了具体要求，泾渭分明，但对读写结合未做阐述，在此之后的修订版仍未对读写结合提出明确要求。2011 年重新修订的语文课程标准，其亮点之一就在于明确强调读写结合，"重视阅读教学与写作教学、口语交际教学之间的联系，善于将读与写、说与写有机结合，相互促进"。① 读写结合及目标导向教学在语文课堂中受到越来越多的关注。即使在新课程改革前并未对"目标导向教学"做出系统化、理论化的阐释，实践方面也存在不足，但学界对它的思考却从未停止，当代语文课堂对读写教学有效性的认识和探讨也更加丰富，越来越关注教学的人文性，总体趋势正向纵深发展。

（三）目标导向的读写一体化的意义

就语文教学本身来说，语文课程的基本理念是培养学生语文应用能力和审美能力，与此相应中学语文教学的目的主要是对学生进行听、说、读、写能力的训练。在语文教学中，阅读和写作既各自独立，又相辅相成。学生在阅读中积累素材、培养语感，在写作中感悟和思考文本内涵和精髓，学生读写一体化对教学理论和实践的发展都有重要意义。

从理论意义上而言，首先，读写协同发展教学为教师认识教学现状、评价教学过程和改进教学方法提供依据，从而逐渐建构起一套行之有效的

---

① 中华人民共和国教育部. 义务教育语文课程标准（2011 年版）[S]. 北京：北京师范大学出版社，2012.24.

读写教学理论体系，更好地服务于改进教学的实践。其次，帮助学生从中汲取有助于提升自身语文学习能力的经验，为改进学习方法提供根据。

从实践意义上而言，准确地理解和表达语言文字是学好语文和其他一切学科的基础，也是学生全面发展和终身发展的基础。实施读写一体化教学有利于激发学生阅读兴趣和写作热情，利用阅读与写作的互动原理切实提高语文基本能力和综合素养，帮助教师开展各种语文教学实验和改革，进而有效提高教学效率。"练"为"战"不为"看"，读写协同教学的最终目的是为学生综合而全面的发展，为终身学习和奉献社会奠定坚实的知识和能力基础。

读写一体化的目标导向教学不仅有利于提高学习和运用中国语言文字的能力，掌握更多专业知识，而且对于引导学生通过阅读语言文字提升精神境界，培养良好的情感、态度、价值观和审美能力，塑造全面发展的完美个性具有重要作用。一堂高效的语文课堂必定需要一套独特的读写能力培养体系，学生读写能力的发展也必然有利于促进有效课堂的生成。语文教育的目的不是为了培养"有用的机器"，阅读和写作训练也只是学生学习所需的一小部分，其最终价值在于真正用这些知识武装自己，提高语文综合素养、提升个人能力，成为全面和谐发展的、对社会有用的人，这也是教育的目的和本质。

阅读与写作是不可分割的整体，也是学生语文学习的重要方面。而读写一体化教学能够改变以往固有的教学模式，引导教师和学生进行创新，改变以往仅仅注重读或者写，读写分离状态下简单结合的现象，要做到以读促写，用写带读，读写互促。充分发挥学生学习的积极性和主动性，发挥学生在学习中的主体作用，提高学生的阅读和写作水平，培养学生的创新思维，提高学生的创新能力。

现代教育学家叶圣陶先生说："阅读是由外往内的'吸收'，写作是由内往外的'发表'，二者是'积累'与'倾吐'的关系。"由此可见，阅读与写作是不可分割的整体。叶圣陶还曾明确指出："写作能力和阅读能力有关联，阅读得其道，无论在思想吸收或者技术训练方面都是写作上的极大帮助。"① 人民教育出版社课程教材研究开发中心顾振彪的读写观点也受叶圣陶先生的影响，他曾提出："写作与阅读结合，一方面是有助于培养学生的阅读能力。学生联系课文进行写作，就在应用中加深对课文的理解，通过应用把课文内化为自己的知识和能力。二是提高写作能力。以课文为写作材料，省去搜集材料之苦，可以直接投入写作训练，尤其有利于培养逻辑思维能力。"

读写一体化有利于改变以往固有的教学模式，引导教师和学生进行创新，改变以往仅仅注重读或者写，读写分离的状态，也改变以往读与写的简单结合。要做到以读促写，用写带读，读写互促。通过阅读来丰富和完善写作，同时用写作来检验和提高阅读，使得阅读和写作齐头并进，充分发挥学生学习的积极性和主动性，发挥学生在学习中的主体地位，提高学生的阅读和写作水平，同时又有利于培养学生的创新思维，提高学生的创新能力。读写一体化符合新课标的改革要求，也有利于推动素质化教育的推广和发展。

认知结构论认为，"学习的实质是主动地形成认知结构，而不是被动地形成刺激 - 反应的联结"。实际上则是指学生不应该被动地接受老师"满堂灌"式的教学，而应该积极主动地获取知识，利用已有的知识经验对新的知识进行加工和处理，将其转化为自己的知识，加上自己的理解和感受，从而将新知识和旧知识有效联系起来，构建自己的认识结构和知识框架。教学过程中，教师应充分运用探究学习、支架式教学、情景教学、

---

① 叶圣陶. 叶圣陶语文教育论集［M］. 北京：教育科学出版社，1980. 164.

合作教学等多种教学模式，充分发挥学生学习的主动性和积极性，尊重学生在教学中的主体地位，让学生对原有的知识和经验重新进行编排和运用，并将新的知识纳入其中，从而建构自己的知识框架和体系，建构自己的思考和理解。而读写一体化教学就是以学生为主体，尊重学生的主体地位，充分发挥学生学习的积极性，从而激发学生的创新思维和批判思维，提升学生对新旧知识的把握、处理和运用的能力，进而提高阅读和写作水平。

新课程标准对阅读和写作提出了新的要求：阅读方面要求学生"具有独立的阅读能力，注重情感体验，有丰富的积累，形成良好的语感。学会运用多种阅读方法。能初步理解、鉴赏文学作品，受到高尚情操与趣味的熏陶，发展个性，丰富自己的精神世界"。而写作方面要求学生"能具体明确、文从字顺地表达自己的意思。能根据日常生活需要，运用常见的表达方式写作"。[①]由此可见，阅读和写作已成为语文教学中的两个重要的环节。但阅读和写作并不是相互独立、相互区别的，两者之间是相互融合、相互促进的关系。阅读是为写作做积累，另一方面，"写"也是检验"读"的有效方法。通过写作可以检验出阅读的缺点和不足，以及阅读的良好效果等，从而促进阅读向更高层次的方向发展，并利用阅读的发展来促进写作水平的提高。"读写一体化"的教学模式符合新课标改革的要求，有利于学生和教师打破固有的"读写结合"的思维模式，将阅读和写作做到有机结合，从而达到"读写一体化"的良好水平，以此来有效提高学生的阅读和写作水平。

随着人们对读写关系研究的深入，专家和学者逐渐意识到读与写更高层次的关系，即两者融合为一体，提出读写一体化的概念，许多的教师开

---

① 中华人民共和国教育部. 义务教育语文课程标准（2011 年版）［S］. 北京：北京师范大学出版社，2012. 7.

始进行读写一体化教学策略的探究，四川绵阳中学开展过的"阅读与写作关系研究"的课题就是对读写一体化的大胆实践，将阅读和写作的本质联系起来。广东语文特级教师丁有宽老师在教学实践中确立了读写结合的教学模式。高中阶段也有一些读写一体化教学研究，但多为英语学科方面，语文方面相对较少，且不同的研究者阐述的方面也有差异，从而使得高中语文读写一体化研究呈现多样化的发展状态。例如，宋现梅的《高中语文读写一体化教学实践研究》以语文课堂的文本阅读为切入点，并由文本内阅读向文本外阅读延伸。

此外，当今的教师资源分配不均，部分教师观念陈旧等问题制约着"读写一体化"教学模式的发展和推广。通过网络调查问卷可以了解到，大部分语文教师仍秉持传统的教学模式，主张给学生总结一些万能作文模板，让学生套用模板多加练习。而部分学生也非常喜欢这种教学模式，认为这样比较简单、高效。但这种模式却禁锢了教师和学生的创新思维，不利于培养学生创新能力，进而不能充分发挥学生的主体意识。另外，还有许多教师没有意识到读写一体化的重要性，仍然只重视读对写的促进作用，却没有意识到写对读的积极作用。大部分教师对学生的阅读缺乏指导和评价，只是单方面地放手，让同学们自由阅读，但这种"放养式"的阅读模式所取得的效果也是有限的。而读写一体化则可以很好地弥补这些缺口，既发挥同学们的主体作用，同时，还可以以读促写、以写促读、读写互促，从而提高学生的写作和阅读水平。

二、目标导向读写一体化教学的现实需求

学生的读写能力能否得到协同发展主要取决于教师是否能在教学中将阅读教学和写作教学有效结合。迄今为止，读写一体化和语文目标导向教学的理论都在不断完善，在促进学生读写一体化方面既有前沿的教学成果和值得借鉴的经验，同时在实际语文教学中也存在教学质量参差不齐的状况，有许多急需改进的低效教学现象。

（一）初中语文读写一体化教学取得的成效

根据新课改的要求，学生应在阅读中感悟语言文字，在写作中运用语言文字；在阅读中学习写作方法，在写作中运用写作方法。因此进行阅读和写作训练时正确处理读与写的联系是必要的。在实际教学实践中众多优秀教师自觉秉承新课标精神，正不断摸索有效提高学生读写能力的教学方式，有意识地采取有效促进读写结合的教学方法，所取得的一些成效可以从以下教学案例中得到体现。

例如，余映潮老师在《假如生活欺骗了你》① 群文式阅读教学中完美地将读与写融合在一起。余老师在前面两首说理诗普希金的《假如生活欺骗了你》和宫玺的《假如你欺骗了生活》教学基础上进入第三乐章"假如生活重新开头"，要求学生以"假如生活重新开头"为首句，自由写诗，记录自己的阅读体验和人生感悟。通过以选文中的某个点为例不仅使学生深入学习了诗歌读写的方法，而且加深了学生对诗歌的认知和感受，学生可以在深入体会诗歌情感和模仿的基础上结合自身独特体验进行自由创作。这种群文式读写教学方法在尊重学生个体经验的同时提高了学生的读写能力和教学质量。再如，四川师范大学李华平教授在成都七中嘉祥学校讲授的《背影》一文，课堂一开始先让学生谈谈自己阅读后的感悟，接着通过确定文章的体裁明确教学重点。首先在第一环节中，教师并没有先入为主地主动介绍课文，而是尊重学生的独特感悟，让学生各抒己见对文章做出整体解读。其次，在确定了《背影》为散文后，李老师通过以下对话在阅读教学中渗透写作教学：

① 余映潮．听余映潮老师讲课［M］．上海：华东师范大学出版社，2006.12.

师：看来是"散文"无疑了。请同学们在标题旁边注明"散文"。刚才有位同学说是叙事抒情散文，这篇文章是不是侧重于叙事抒情？

生：我觉得这篇文章侧重叙事。

师：她说侧重叙事。这个"事"是跟一个人有关的，这个人是父亲，我们将这样一类文章称为写人叙事的散文。请大家在书上批注"写人叙事的散文"。今天我们就学习怎样阅读这样的一类散文。如果让你写一篇写人叙事的散文，你觉得要抓住哪几个方面来写？

生：我觉得首先一定要看主要写的是什么人，就是这个人有什么特点，比如说他的形象是什么。然后再看写了他的什么事，就是作者和他发生了什么关系。再然后看这篇文章表达了什么样的主旨，或者作者想表达自己什么样的情感。

师：把你刚才的话提炼成三个字，你觉得应该是什么？

生：人、事、情。①

这一互动过程如行云流水般一气呵成，既加深了学生对文章主旨的认识，同时穿插了写作技巧的讲解。这一过程中学生所习得的写作知识不是通过教师的讲授强行灌输得来的，而是师生对话的方式引导学生自己领悟而成，自然而然地将阅读教学与写作教学熔铸于一体，提高了读写结合教学的有效性。此外，浙江省龙泉四中叶淑珍老师在对学生进行写作训练时，以实际生活和学生需要为纽带将阅读和写作同时串联起来开展教学活动。首先教师以即将到来的圣诞节为切入点对学生进行祝福语的训练，将所搜集的祝福语归为八个类别，如修辞添彩、诗文化用等，以师生互动的方式交流分析，然后让学生分别对每一类祝福语进行仿写，最后让学生运

---

① 李华平.怎样用《背影》教语文——李华平《背影》教学实录两例［J］.语文教学通讯，2016（2）：8—15.

用所学为亲人、老师或朋友写一段圣诞祝福语并进行交流展示。通过基于现实需要的仿写训练，教师不仅锻炼了学生的写作能力，而且在分析范例时培养了学生对句子的感悟分析能力和知识运用能力。这种感悟分析能力正是培养阅读能力所必备的，这样既提高了学生的学习能力，同时也注重学生的独特感受。这种以实际生活需要为基础的读写教学在当代语文课堂十分值得推崇。

语文课堂上诸如此类值得借鉴的优秀教学案例不胜枚举，无数具有探索精神的教育开拓者们前仆后继，在尊重初中学生自身的特性与体验的基础上严格遵照课标要求，以已有的经验和理论为基础，仍在不断探索以学生为中心促进读写一体化的目标导向教学路径。

（二）初中语文读写一体化教学存在的问题

初中语文教师在培养学生读写能力过程中，容易出现认识上的偏差或实践上的割裂，达不到课标要求的目标导向教学的目标，同时学生读写一体化受到阻碍，学习效果不尽人意。新课程标准推出以来，阅读和写作训练都在深入实施，但有些教师在教学时常常忽视二者的密切结合，为读而读，为写而写，或读写虽有结合却浮于表面，浅显泛化，使得阅读和写作分散并行且效率极低，这种教学虽实用性强但忽视了学生综合素养的提高，有悖于新课程标准对初中生全面发展的培养要求。

1. 教学目标失当，盲目安排训练

判断目标导向教学的首要条件就是教学目标是否明确恰当。具体明确且有弹性的教学目标是教学成功的一半。即使当前大部分教材相较于以前都更加成熟、科学，但"理想的教材不等于理想的教学"。①

在浏览了众多课堂案例的教学设计之后笔者发现，教师在进行读写教

---

① 程翔. 谈统编本初中《语文》读写能力的衔接和迁移［J］. 中学语文教学，2019（8）：4—8.

学时，不能充分利用和挖掘教材中已有的教学资源，有的对文本的行文结构、写作方法挖掘不够深入，对学生写作技巧的指导作用薄弱，导致学生对课文形式的认知过于浅显。例如，《老王》一课有着十分突出的主题就是通过写老王与作者一家的交往突出了老王的善良，表现了爱的博大、平等观念和人道主义精神。有的教师在设计教学目标时很容易把目光全部放在分析文章情感和老王的性格上，但作者还用了诸多笔墨刻画老王的外貌和动作神态等，这些笔墨同样对烘托人物和情感起着不可或缺的作用，教师完全可以把这些描写方法穿插进课文教学中，如果教师在明确目标时只关注阅读课文而忽略这一点，也就让学生错失了学习如何细致摹画人物的契机。此外，有的教师则过于注重技巧的讲解而缺乏对文本所传达的人文内涵的深入品读，把阅读课上成写作课。比如，在教授小说《祝福》时，把大部分课时用在分析小说中祥林嫂的性格、环境描写和情节安排上，对作者背景、人物命运及其所处的时代环境之间的联系挖掘不够深入。这就导致学生不能参与到与文本对话的过程中去体会作者对当时社会的沉痛控诉。教师为教学生写作而教阅读，对读写结合在课堂上的运用存在认识上的偏差。还有的教师在备课设计中教学目标表述不清。如，统编版教材八年级下册《桃花源记》一文，有的教师在备课时是这样确定教学目标的："让学生体会语言形式、修辞方法、写作手法的表现力，认识作者通过描写世外桃源所表达的不满黑暗现实，追求理想社会的思想感情。"这样的教学目标表述方式是"教师让学生……"而不是"学生能……"因此教学目标表述不清就会导致教与学的主体发生偏离，学生处于被动地位，在汲取读写知识过程中的作用得不到最大限度的发挥。

在阅读教学过程中，不能仅仅是"为读而读"，教师要帮助学生做到有目的地阅读，可以有意识地锻炼学生鉴赏文章标题的能力。在统编本初中语文教材中，有很多标题都可以作为教师训练学生审题立意能力的教学资源，比如，在统编本七年级下册中端木蕻良的《土地的誓言》这一课，文章的标题就可以设疑。土地为什么会有誓言？土地又会立下怎样的誓言？而通过阅读文章，会发现这一标题所要表达的，并不是"土地发出的誓言"，而是"作者面对土地发出誓言"，作者借此抒发什么情感？此类问题有助于激发学生的好奇心，教师就可以借助这一点，锻炼学生们的审题立意能力。阅读要有目的，在平日的教学中，教师要引导学生树立阅读是可以为自己的写作服务的这一观念。最明显的无疑是素材的积累，学生在写作时普遍认为自己无素材可写，这是可以理解的，初中学生并没有太多的阅历，经验不足是很正常的，这一点就可以通过阅读来弥补。学生在平时的阅读中一定要注意积累素材，遇到好的字词、段落要及时记录下来。当然，也有很多学生反映没有那么多的时间来阅读，或者是阅读的篇目太枯燥，自己没有兴趣，也难以理解。这一点教师可以通过采用群文教学阅读的方式来改进，把几篇有关联性的文本放在一起进行阅读，让学生在课堂上有限的时间内尽可能多地阅读文本，同时进行阅读讨论交流，自主自觉地进行问题的探究，在比较异同中，加深对文本的理解，这样不仅更好地体现了学生在学习中的主体地位，提高课堂教学的实践性，完成课堂学习任务，而且学生阅读篇目大大增多，为他们提供了更丰富的写作素材。但教师在选取阅读篇目时，一定要注意结合初中学生的特点，关注他们的兴趣爱好，这样才能引导学生主动地进行阅读，而不会产生逆反心理。教师要尊重学生的兴趣爱好，但为了更好地培养学生的文学素养，教师要有意识地引导学生阅读名著。通过阅读名著，与大师们进行精神对话，提高学生们的文学素养，同时能够指导他们树立正确的写作意识，对学生们的帮助是巨大的。但教师在指导学生进行名著阅读时一定不要太过"功利"，要根据学生实际的阅读情况进行一定的规划，合理设计流程，否则反而不利于学生文学素养的培养。

2. 教学形式单一，忽视学生体验

由于应试教育带来诸多弊端，语文教学也一定程度上陷入功利性的泥淖。首先，阅读教学大多只围绕课文讲解展开，写作教学除仿写等传统训练方式以外很少有所突破。教师一般比较重视如何结合例文教授写作知识或进行模仿性写作，对于学生如何观察体验、联想想象、提炼表达等方面的综合训练重视程度不足。比如，在学习说明文《苏州园林》时，有的教师可能考虑到说明文学起来比较困难，就把大部分课时放在为学生讲授说明方法上，反而对如何观察比较事物的特征、如何用语言进行加工美化和表达不够重视，导致学生在模仿时只会罗列说明方法。在本课的积累拓展部分要求学生借鉴《苏州园林》的写法介绍曾经浏览过的一座公园或建筑，如果教师不教学生如何抓事物的主要特征和分析提炼文中的写作要点，那么仿写训练只会流于形式。其次，教师在讲台上滔滔不绝，学生在讲台下昏昏欲睡，这种"填鸭式"教学模式也往往使学生对语文学习感到吃力，在心理上对语文课堂产生抵触感，导致教学质量低下。例如，七年级下册第一单元《邓稼先》《说和做——记闻一多先生言行片段》等主要写杰出人物的非凡气质，单元写作训练的主要任务是写出人物的精神。有的教师在教学时只是按照文章写作顺序解读邓稼先的人品和情怀，然后要求课下学生写一写身边的人。教师对文中人物品格和写作手法挖得够深，也安排了写作训练，但学生读写兴趣依然不高。教师不能充分调动学生在课堂上的积极性，导致学生的个性化阅读和写作的需求被忽视，教师取代了学生的主体地位，读与写被当成一项学习任务而不是兴趣。在这一环境下，学生所谓的读写能力不是主动参与课堂所得，而是被教师强制灌输进脑子里的，一般来说学习效率不高，甚至可能会对教师的一味讲授产生反感。阅读教学和写作教学失去本色和意义，功利化倾向严重，导致教学效果不尽人意。

　　课标开宗明义地指出"工具性与人文性的统一，是语文课程的基本特点"，① 但传统语文课程在应试教育下过于重视语文课程的工具性而忽视了人文性，即对学生的情感态度和价值观的培养。就提到的《邓稼先》的教学来说，邓稼先对祖国国防事业的无私奉献精神和崇高情怀值得教师把它单独作为一个环节展开，对学生进行爱国主义教育的熏陶，有些教师往往容易忽略这一点，在很多中小学语文课堂中教师多半"为教而教"，学生主体成为课堂的"局外人"，备课只备课本不备学生，教书只教知识不思育人，忽视对学生情感态度和价值观的引领，学生难以培养感受生活的敏锐之力。教师忽视语文教育的本质，是导致初中生经过三年学习后阅读和写作水平仍停滞不前的重要原因。

　　在教学中，部分学生对于阅读和写作的兴趣偏低。首先因为目前在应试教育的环境下，初中学生面临的压力比较大，特别是毕业年级的学生们面临着升学压力，在这样的情况下，他们很难在阅读上花费太多的心思，这也就导致了他们对阅读和写作的兴趣并不高，甚至有些学生会认为这是浪费自己学习的时间。在阅读方面来看，有些老师和家长没有考虑到学生自身的兴趣爱好，为了尽快提升学生的文学素养，给学生推荐了一些现阶段他们还难以理解的文章，这就使得有些学生在阅读时认为阅读篇目的内容太枯燥乏味，或是无法理解文章表达的内容，就更加没有兴趣进行阅读。其次，初中学生的阅读能力比较有限，在阅读时缺少深入思考，也没有养成良好的阅读习惯。很多学生的阅读仅仅是读过，只做到了用眼而没有用脑，在阅读时很少带入自己的思考，有时遇到自己不明白的内容也没有及时追究，在日常的学习中，会有学生向老师询问数学问题、物理问题，但很少有学生会针对自己在阅读中遇到的问题向老师询问。另外，在

---

① 中华人民共和国教育部. 义务教育语文课程标准（2011 年版）[S]. 北京：北京师范大学出版社，2012. 2.

阅读时，学生并没有及时地记笔记，他们没有意识到自己的阅读是可以为自己的写作服务的，可以通过阅读积累写作的素材，使自己在写作时不会无处下笔。而仅仅读过的内容是很快就会遗忘的，如果不及时将读到的优秀的字、词、句、段记录下来，很快就会将它们抛之脑后，更不用提应用在自己的写作中了，平时不注意积累，需要的时候发现自己无素材可用，这样一来，很难实现"读写结合"。在写作方面看，有些同学认为写作是件很困难的事情，加上自己每次作文的成绩并不好，越讨厌越不会写，成绩也就越差，久而久之形成了恶性循环。而学生对写作兴趣低这一点在一定程度上会影响到教师进行"读写结合"教学的效果。最后，学生认为自己在写作时没有素材可写，造成这一点的原因很大一方面是因为学生阅读习惯差。学生平时学习的压力已经不小，完全依靠自身在生活中的体验作为写作素材是很困难的，学生的写作素材更多地还是来自阅读，而上文说过，有些学生在阅读时不注意积累，读过的内容很快就会遗忘，写作时自然发现自己无素材可写。读的书再多，如果不注意积累，那还是没有意义的，无法应用在自己的写作中，其实这就是学生没能掌握好"读写结合"的方法，将阅读和写作分开对待，没能通过阅读来提高自己的写作能力。

3. 教学理念陈旧，读写脱离生活

教师是学习的引导者，在"读写结合"教学的开展过程中出现问题，教师有很大的责任。首先，有些教师采用的"读写结合"教学模式刻板单一。虽然大多数的教师是认同"读写结合"这一教学理念的，但是在实际的实施中采用的方法有些单一。在教学内容上来看，课堂上教师会反复让学生阅读课文，这样虽然巩固了学生对课文的记忆，但循环反复的过程很容易引起学生的审美疲劳，这也就导致了课堂之外学生很少会再阅读课文、深入研究文章内容。在写作训练中，有些教师只是给出了写作题目和要求，其实这只是对教材提出的写作要求进行了转述，只是进行了理论上的指导并没有实质性的写作指导，学生不能通过老师了解更多的写作知识，学习写作技巧，这也就造成了学生写作的成绩并不好，虽然落实了"读写结合"教学，但却没有落实到位。在写作教学的课时上来看，实际教学中，作文课时的利用和分配还需要更加科学化。一方面，有些教师对写作课的安排太少，特别是在毕业年级中，大量缩减了写作课，这并不是一种好的现象，可能会导致写作教学的任务难以达成或者低质量达成，更难以提高学生的写作能力；另一方面，写作课时安排足够，但在写作课上没有分配好时间，会出现"只写不讲"或是"只讲不写"的情况，前者使学生不能认识到自己写作时出现的问题，后者使学生无法得到足够的写作训练，这样一来学生的写作能力也很难得到提升。其次，部分教师对教材的利用不到位，实际的教学内容与教材脱节。造成这一点的原因可能是统编本教材投入使用的时间不长，有些教师对教材的了解可能还不到位。统编本教材的编纂与之前的教材是存在差异的，有些老师可能还没有意识到这些差异，仍然采用之前的教学方法，改变了教材却没有改变教学方法，或者有些老师已经意识到了差异但没能及时调整自己的教学。此外，在统编本的编纂中，每一单元的写作教学中都有指导学生如何进行写作的操作性知识，而有些老师对教材的理解不够，没能深入挖掘这一部分，在写作教学中也就没能更好地落实教学目标。还有部分老师对自己的教学进度控制不到位，会出现已经学习到第二单元但写作内容却还是第一单元的，这是比较严重的，因为根据统编本的编纂，每单元的阅读和写作内容是相呼应的，出现这种情况，在教学中读与写就几乎完全脱离了。以上这些情况就造成了在教师的教学中，没能按照统编本教材的编排顺序实施教学，导致了实际的教学内容与教材脱节。最后，教师在教学活动中占据主导地位，教师对学生有着重要的引导作用，教师自身的观念会体现在自己的教学过程中，进而影响"读写结合"教学的实施。有部分教师对"读写结合"教学模式认同度不高，他们还不确定"读写结合"是否真的能够帮助提高学生的阅读和写作的能力，这样一来，教师在自己的教学的过程中就不会特别关注"读写结合"教学策略的实施，也不会特别注意去培养学生"读写结合"的能力，这在一定程度上也会影响到学生对"读写结合"的认同度。还有一部分教师，他们可能是认同"读写结合"这一理念的，但在实际的教学过程中存在缺乏"读写结合"教学的能力，不能很好地引导学生进行"读写结合"，这两种情况都不利于"读写结合"教学的实施。

生活是一切文学与艺术的最终源泉。虽然网络上可供浏览的教学案例中关于阅读与写作的教学设计不在少数，但大多是经过精心设计和反复修改的。实际上，许多普通中小学语文教师在教学时容易忽视对学生思想情感和实际能力的教化：一方面，阅读和写作教学未能充分挖掘教材中与日常生活实际相联系的内容；另一方面不能有效开发现实生活中的读写教学资源，最终阅读教学和写作教学与生活脱节，教条化、模式化倾向严重。

譬如，初中生随着年龄的增长，生活阅历也不断丰富，虽然在校园中活动范围狭小，但四时变幻，身边每天都会发生各种趣事，同样韵味无穷，这些都可以成为学生阅读与写作的素材。有的教师在教学时并不善于将生活带进日常的读写教学中。如在学习游记文《壶口瀑布》《登勃朗峰》时，有些教师不能引导学生把实际生活中的所见所闻与课文相联系，在组织单元写作时学生所写文章就很可能像流水账一样枯燥乏味。这是由于教师在教游记文时没有结合生活展开写作指导，学生空有写作技巧和生活经历，却不知如何更有逻辑地将重点表达出来，其写作显得缺乏真实性和说服力。如果教学不能与社会生活密切联系，那么学生也很难将知识运用到实际中去，久而久之学生学习起来就会感到费时费力，学习语文的兴趣也会被消磨殆尽。读书不只为获得书本知识，更在于使知识服务于生活。社会的进步需要全面发展的高素质应用型人才，除了为社会发展出谋划策，也需要以实践投身生活的建设者，倘若教学与生活实际脱离，那么教学将毫无价值可言。一些陈旧的、不适应时代发展的教学理念同样也会束缚教师专业发展，有百害而无一利。

综上所述，由于初中语文读写一体化教学仍处于不断探索完善的过程中，教学中存在的一些短板和矛盾有待教师提高认识并进一步在实践中改进。

三、目标导向读写一体化教学的实施策略

由中国社会科学院语言研究所词典编辑室编纂的《现代汉语词典》将"有效"一词解释为"能实现预期目的；有效果"。① 因此基于目标导向教学的读写一体化就是：通过采取某种教学方法贯彻目标导向教学理念，改善当今语文读写结合教学存在的不足，提高教学效率，同时实现课程目标对初中生读写能力的培养要求，使学生在语文学习中获得长足发展。要落实目标导向教学理念，既要求教师掌握并正确运用先进的教学原则和理念，指导学生学好吃透课内文章，以有效互动引导教学尊重学生主体地位，又要求学生拓展课外视野，培养学习语文、自觉主动进行读写训练的兴趣，调动参与课堂的积极性，从而提高学习品质。基于目标导向教学理论和读写教学现状，可以从教师的教和学生的学两个方面着手促进读写一体化，改善读写教学中存在的问题，实现读写结合的目标导向教学。

（一）教师明确教学目标，深入挖掘教材

目标导向教学是教师以自身行为影响学生的活动过程，实现读写一体化的目标导向教学首先要发挥教师对学生的引导作用。教师要不断提高各方面的修养和能力，在教学目标的确定和教学理念的应用上切合实际，合

---

① 中国社会科学院语言研究所词典编辑室. 现代汉语词典 [M]. 北京：商务印书馆，1994. 1403.

理整合挖掘教材资源，使阅读和写作教学深入扎根于生活，着眼于学生素养的整体提高。

写作是一个讲故事的过程，但所讲的故事不会与生活完全吻合，因此故事的加工离不开日复一日的阅读积累和沉淀。明确的目标是教学成功的一半，教师作为学生学习的促进者和辅助者就要充分发挥对学生语文读写一体化的指导作用。与数理化等其他理科课程不同，语文课程是具有思想感情色彩的，现行教材所选课文精选名家名篇，更是兼有传统诗文和时代感强的文章。初中语文写作训练以记叙文和散文为主，兼有说明文和其他题材的训练，无论何种文体，课文都是最好的写作范例，抒情达意的技巧、叙事写人的逻辑都渗透在课文中。因此教师要明确教学目标、深入挖掘整合教材中的阅读和写作资源，提高读写结合有效性。

新课标在教学建议部分指出："教师应努力改进课堂教学，整体考虑知识与能力、过程与方法、情感态度与价值观的综合，注重听说读写之间的有机联系，加强教学内容的整合，统筹安排教学活动，促进学生语文素养的整体提高。"[①] 每一单元都有一个确定的单元主题对课文做出整体解读，单元提示所介绍的教学目的以及学习重点有助于教师确定教学重点，以满足不同学生学习发展的需要。例如，统编教材七年级上册第一单元以写景文为主，《济南的冬天》《雨的四季》等名篇教育学生亲近自然，热爱生活，第二单元《秋天的怀念》《散步》等均为记事文，教导学生体会亲情的珍贵美好。在确定具体的教学目标时，既要以单元总目标为参照，又要考虑到学生自身的发展，对每一篇文章的学习设定精确且有效的教学目标，达成单元要求的同时培养学生形成良好的情感态度和价值观。以其中的一篇《济南的冬天》为例，根据课标所提出的三维教学目标教师可以这

---

① 中华人民共和国教育部．义务教育语文课程标准（2011 年版）[S]．北京：北京师范大学出版社，2012.20.

样制定本节课目标：知识与能力方面，熟读课文，把握好词句重音和停连，感受声韵之美；过程与方法上，通过有感情地反复朗读课文并揣摩品味主要景物的描绘方法和语言特点，体会并赏析拟人等修辞手法和"一切景语皆情语"的表达效果，学习写景时寓情于景；情感态度与价值观方面，感受作者对济南冬天的热爱之情，培养学生热爱祖国河山的感情以及审美能力。每一单元都有各自的写作主题和训练目的，教师既要引导学生领悟单元内所选的每一篇课文中的思想感情，揣摩品味写景文和记事文的语言表达效果，比较写作手法的异同并进行归纳分类，总结各自的写作技巧，又要善于带领学生将不同单元的阅读和写作整合起来，将写景文和记事文糅合，使写景文中也能体现人物情感，记事文中渗透写景技巧。教师的作用就是辅助、引导学生深入挖掘和整合教材，积累阅读经验和写作方法，以读带写，从而使读写能力得到协同发展。

（二）教师改进教学理念，提升教学品质

教师的教学理念制约着教学方法和教学内容的确定。读写一体化是新课标对教师教学和学生学习提出的新要求。教师应秉承新理念阅读和写作教学论改善教学现状，关注学生本身特点和社会现实，使读写能力的培养更具人文性，更贴近生活。

1. 尊重学生主体，切实有效互动

目标导向教学不是教师对学生进行知识的单向传授和强制灌输，而是师生共同参与的互动过程。杨泉良在《新理念阅读教学论》中提到：

在生成性教学中，学生不仅仅要参与课堂内的关于文本内容的对话，同时也要参与整个语文教学设计的对话，通过这些对话，学生和教师以平等的姿态同时参与教学的统筹设计，只有这样才能真实地反映学生的意愿要求，真正落实新课标对学生主体性的确认。①

　　教师要为学生创设能有效提高阅读和写作能力的自主、合作、探究学习的环境，改变以往教师"大包大揽"和"满堂灌"的现象，目标导向教学要发挥教师的主导作用，同时更要尊重学生在学习过程中的主体地位，鼓励学生积极参与课堂互动并探索选择适合自己的学习方式。语文教学的过程是教师和学生之间双向交流互动的过程，是建立在平等对话的基础之上的学生对知识进行主动建构的过程。有效对话是读写教学中教师走进学生世界、促进学生读写一体化的关键一步。例如，在进行《中国石拱桥》一课的教学时，可以先向学生抛出这样几个问题：同学们有没有去过哪些让你印象深刻的景点呢？能不能抓住它的主要特征跟大家描述一下呢？紧接着可以让同学们分组讨论并就讨论结果选派一名小组代表进行交流分享，之后教师对学生的发言简要评价并最终引出如何使用恰当的方法、条理严谨地把握和描述说明对象的特征这一教学难点。教学过程中，教师在讲解说明方法时注意让学生学、思、用结合。在课后教师还可以布置一项小练笔作业，运用本节课所学的说明方法针对某一事物展开具体介绍，同时运用所学知识自主预习下一节内容，勾画说明方法。通过这样的教学设计不仅能让学生更快地掌握课本的相关内容，还能让学生主动参与到课堂活动中，使学生成为课堂的主体，提高课堂效率，促进阅读和写作互融互通，提高学生读写能力。

　　每个学生都有自己的独特个性，教师要教好学生，不仅要走进学生的知识世界，也要走进学生的内心世界，启发学生主动思考。教师教得好不如学生学得好，会学习的往往是乐于主动学习的，因此，教师要善于有意

---

① 杨泉良. 新理念阅读教学论［M］. 广州：广东高等教育出版社，2013. 165.

识地通过对话引导学生自主学习。

2. 以生活为素材，以实践为目的

无论是阅读还是写作都要以学生独特体验为基础，学生要想写作言之有物并源源不断地为阅读和写作输送血液，还要学会观察生活、体验生活，这种基于个体的深切体验才是进行有效阅读和写作为文的不竭源泉，就像某个文人的成功从来不是因为他有才华，而是因为有感情。由此看来，教师不应以个人兴趣倾向来指导学生的阅读和写作，而应该让学生认识到写作是对生活加工美化的过程，把培养和激发学生的独特情感与体验作为培养读写能力的基础。真情实感才是写好文章的动力，是作文的生命。例如，七年级下册第三单元主题是描绘小人物的故事，如《阿长与〈山海经〉》《老王》等，本单元教学的知识和能力目标是要让学生学会抓住人物的典型特征和细节进行写作，体会小人物身上的优秀品格和光辉。为完成这一教学目标，教师要教会学生如何从人物的外貌、动作、神态等方面抓住其典型特征并展开细节化描写，教授基本的写作技能，而这一切只有切实的生活体验和敏锐的观察力为基础才能让所写的故事和所描绘的画面表达生动，读来有血有肉，如临其境。教师在指导学生进行读写训练时，不单单要教写作技巧，最重要的是注重为学生创造具体情境，学生的亲身感受才是使作文表达生动的不二法门。关于如何把作文写生动，王荣生教授曾在《写作教学教什么》中提到：

生动不是言辞方面的问题。作文生动的核心是具体，只有写具体才能写生动。而描写，实际上是两件事情。一件事情，是把瞬间发生的事展开来；另一件事情是把综合的事情分解开来。描写的核心是这个。……

换句话说，要学生学会描写，不是教学生仔细观察，而是要教给他分解的方法。而分解的方法是要学生自己去感受的。①

学生阅读感悟能力来源于对现实生活的体悟，写作水平的提高同样需要通过感受把生活中具体的事物分解开来。有了实际的生活感受，阅读才会有更深切的感悟，写作才会富有生命力，因此，读写一体化要以学生对生活的独特感悟为前提，生活是阅读和写作的活素材。

写作来源于生活势必也要回归生活，读书的目的是为了实践，为了人以后的全面发展积累必要的修养。教师教学生读书不是为应试教育培养"职业写手"，而是为了使学生有更开阔的视野，成为一个拥有独立人格、能够独立思考和解决实际问题的社会人才。课程标准明确指出，语文是实践性很强的课程，应注重培养学生的语文实践能力，应根据生活和表达需要进行写作训练。读写教学要注重提升学生思维能力和核心素养，让学生学会观察和体验生活，阅读时才能做到心中有所感悟，作文才能有感而发，表达运用才能得心应手。

（三）学生拓展课外阅读，培养读写兴趣

教与学双方就像一支杠杆的两端，若要保持平衡，不仅需要教师的指导和辅助，更需要学生这一主要角色的参与，学生是课堂的主体，缺少了学生的参与，课堂就成了教师的独角戏，教学就失去了存在的意义。基于目标导向教学的读写一体化除了发挥教师的指导作用以外，还要发挥学生的自主性。学生有主动进行阅读和写作的意识和动机，才能更大程度地提高读写一体化的有效性。

努力建设开放有效而有活力的语文课堂首要条件就是要激发学生的学习兴趣。兴趣是最好的老师，激发和调动学生阅读兴趣和主动性、积极

---

① 王荣生. 写作教学教什么［M］. 上海：华东师范大学出版社，2014.4.

性，引导学生自觉阅读是促进学生读写一体化和开展目标导向教学的出发点。"学习掌握语言文字运用的首要条件就是感悟和积累，然后才是运用和实践，学生'感悟得深''积累得多'才能'运用得妙'，才能够准确、生动地表达内心所想，轻松地驾驭、运用祖国的语言文字。"① 学生在进行大量阅读的过程中潜移默化地受到各种风格文章的熏陶，这种熏陶是建立在兴趣基础之上的，是主动地学习而不是被动地接受，正所谓"好之者不如乐之者"。因此要实现读写一体化的目标导向教学就要进行兴趣阅读，拓展阅读视野，从而形成有个人特色的独立的写作风格，实现以读带写。

　　课标明确要求七至九年级的学生要"学会制订自己的阅读计划，广泛阅读各种类型的读物，课外阅读总量不少于 260 万字，每学年阅读两三部名著"。② 在阅读过程中，学生不仅要了解主要内容，也要注意总结阅读方法和表达技巧，训练思维品质，做好阅读计划，学写阅读心得，真正学会读书。初中阶段学生的心智并没有完全成熟，仍处在启发引导的关键期，因此，在教学中发挥学生阅读的自主性并不是放任学生的完全自由，而是要求学生在特定学习阶段多读书、读好书，保持和提高对阅读和写作的兴趣，培养良好的阅读习惯。例如，统编教材八年级下册第一单元的《社戏》《安塞腰鼓》《春酒》等篇目都是描写民风民俗的文章，除了教师要在课上注意充分利用多媒体等现代教学设备，通过播放音频、视频等方式让学生更直观地了解安塞腰鼓和社戏等习俗特点，激起学生对民风民俗的喜爱之情之外，学生还可以小组合作或自主搜集一些相关课外文章或书籍，以兴趣为指引主动获取关于民风民俗的知识，品味我国各地风俗人情的悠长韵味，并学习借鉴此类文章的写作技巧运用于作文中。通过适当增

---

① 侯忠彦. 品诵教学：感悟母语神韵的阅读教学 [M]. 重庆：西南师范大学出版社，2014. 9.

② 中华人民共和国教育部. 义务教育语文课程标准（2011 年版）[S]. 北京：北京师范大学出版社，2012. 16.

加课外阅读能够拓宽学生视野，保持学生对阅读和写作的持久兴趣，改变学生只学课本的传统学习习惯。

教学实践表明，出于学生实际需要和真情实感的阅读和写作，有利于激发学生的学习动机与兴趣，促使学生自觉地关注阅读与写作。学生是语文课堂的主体，高效语文课堂的生成必须严格遵循以学生兴趣为主导这一教学原则，利用好已有的资源并努力挖掘课外资源，增强语文学习的趣味性，提升学生主动参与到阅读与写作中的积极性，对文本形成自身的感悟，让学生乐于阅读、热爱写作，提升读写教学有效性。

（四）学生以作品为范例，鉴赏写作结合

语言文字是语文的形式，思想情感和生活是语文的内容，写作即是用语言文字表达思想情感、摹写生活，因此写作训练对阅读能力和语文素养的培养同样具有重要作用，加强写作训练所产生的效益是多方面的。全日制义务教育语文课程标准对写作的性质也做出了明确表述，写作的过程就是创造的过程，写作教学应培养学生兴趣，发展学生思维，引导学生感受生活、体验人生。我国早期语文教学的阅读和写作训练形式单一，以仿写为主，缺乏创造性，学生的能力得不到进一步提高。新课标对义务教育语文课程教学提出了更高的要求，即教师在教学过程中要指导学生丰富语言积累，培养语感，发展思维。因此，阅读和写作教学的作用不只是掌握基本的语文基础知识和写作能力，更要注重通过多种写作训练方式发展思维，增强语文综合素养，为学生的全面发展奠定基础。

1. 多样训练，学生发挥想象

传统的写作训练特别是以课文为中心的课后写作以仿写为主，这种方式虽有模板可循，但局限性较大，学生思维囿于课文本身的形式，难有创新。除仿写等传统的写作训练方式以外还有很多提高写作能力的途径，教师要发挥引领作用，激发学生创造性思维，灵活运用多种方式进行写作训练。续写、改写、扩写、写读后感等方法不仅能够加深学生基于文章本身的理解和感悟，而且能够发挥学生的想象力和创作才能，提高学生读写结合能力，使阅读和写作都能得到提高。例如，统编版七年级上册第六单元所选童话《皇帝的新装》想象奇特，情节离奇荒诞，同时也具有更大的再创作空间。学生可以对文章进行续写，如果有人站出来揭穿了骗子的谎言，国王也发现由于两个骗子的诡计导致自己在游行大典上丑态毕露，接下来又会发生什么样的故事，请同学们结合课文所给内容并大胆发挥各自想象续写一篇不少于 500 字的文章，也可以让学生写一篇读后感，或任选其一。这一写作训练方法主要依赖于教材展开，学生不仅能够通过分析提炼课文内容，加深对文章的印象，充分发掘想象力和创作思维，提高语文读写结合能力，也有助于从故事中得到更多为人处世的启发，树立正确的世界观和人生观。

在平日的阅读教学中，教师要引导学生树立阅读可以为自己的写作服务这一观念，注意素材的积累。在统编本初中语文教材中，有很多标题都可以作为教师训练学生审题立意能力的教学资源，比如，在统编本七年级下册中，端木蕻良的《土地的誓言》这一标题就吸引了人们的注意，土地为什么会有誓言？土地又会立下怎样的誓言？而通过阅读文章，可知这一文章想表达的是"面对土地发出誓言"，借此抒发对故乡的思念以及自己的爱国情怀。这类新颖的标题会引起学生们的注意，激发他们的好奇心，教师就可以借助这一点，锻炼学生们的审题立意能力。

阅读能够帮助写作，反之，写作对阅读也有很大的影响。在通常情况下，教师在阅读中会注意涉及写作的内容，但在写作时，就比较容易忽略对阅读的指导。通过写作，教师其实可以发现学生平日的阅读情况，学生的写作内容一定程度上反映了他们的阅读广度和深度，教师可以通过这一点，帮助学生弥补阅读上的缺陷，指导他们在之后的阅读中有意识地查缺补漏。学生通过写作练笔，可以更好地加深对阅读文本内容的理解。比如，在学习梁启超先生的《最苦与最乐》这篇课文时，教材后的"阅读提示"，就针对文章"责任"这一主题向学生提问："你的责任是什么？你从尽责中体会到快乐了吗？"在这里，教师就可以以"责任"为主题让学生进行写作训练，学生通过自己写作，可以更好地理解"责任"意义，从而更好地把握文章的主旨。同时也可以从仿写开始，借助于好的构思、好的题目、好的语言，让学生尝到读书的好处，久而久之，学生就会爱上阅读，也会喜欢写作。

2. 自由创作，教师适当引导

初中是学生思维和意识转化的重要阶段，主要对学生进行基本能力的培养，尤其是创新能力，语文教学也更注重趣味性和直观性，以激发学生的兴趣和思维，鼓励学生进行创意写作。自由创作亦有多种方式，譬如写日记、自命题或半命题作文、观后感等。举例来说，在半命题作文"与＿＿＿＿握手"的写作训练中，教师给定题目和字数要求，不限文体，让学生自由创作，学生既可以把身边某个具体的人或某个时空中的人当作写作对象，记录一次难忘的经历或梦境，抒发自己的情感，如"与主席握手""与李白握手"；也可以写与抽象的事物握手，例如"与独立握手""与诚信握手"等。在这一过程中，学生可以尽情地发挥自己的想象力和创造力，把在生活中的观察体验和阅读中习得的行文结构以及写作技巧应用于写作中，从而使阅读和写作能力得到同步提高，实现以写促读。有教学研究表明，文学创意写作，反过来也是可以促进学生加深对文学作品的理解、帮助学生提高阅读能力的。因此，教师只需确定明确的要求并对写作过程给予正确的指导和适当的评价与建议，学生才是整个教学过程的核心。

写作的目的不只是为了让学生写出令人满意的文章或取得好成绩，更是为了让学生能够独立使用语言文字表达真情实感，培养学生的思维能力，学会观察生活、感悟生活，在阅读时与文章作者产生共鸣，深刻领悟其中所蕴含的情感，只有如此才能提高读写教学的有效性。写作本身不是目的，其价值也不限于写作本身，它对学生各方面能力的培养发挥着综合效益。因此，加强写作训练也是使学生读写能力和教学效率得到同步提高的重要途径之一。学生读写一体化不仅是学好语文课程的基础，也是学好其他学科的基础，关乎学生的全面发展与终身发展。要贯彻全面提高学生的语文素养课程理念，就要把读写一体化的目标导向教学落到实处，切实将学生的进步与发展放在首位，从而提高读写能力协同教学的有效性。

结　语

写作教学是一直备受重视又一直难题不断的一个领域。写作教学如何才能更科学、更合理，需要研究者们持续地深入研究。本研究尝试以科学取向教学论为理论基础，构建目标导向的写作教学体系。主要通过案例分析等方法，分析了写作教学在目标设定、教学实施和评价等方面的现状，发现写作教学存在目标层次不清、教学过程中目标落实不到位、教学评价空泛及缺少目标导向等问题，针对这些问题，结合问题原因的分析，提出了目标导向的写作教学有效实施建议，包括序列化、科学化的作文教学目标制定，学生主体、训练强化的作文教学过程实施，目标参照、多元主体的作文教学评价等。

本研究重视写作教学目标的分层以及逐步展开。"一次解决一个问题"，对写作教学的目标设置来说，很有启发意义。猎豹在捕食猎物的时候，眼睛会紧紧盯着它选中的猎物，一直死追到底，绝不会掉头改追那些更靠近的猎物，除非跑得实在跑不动了，否则绝对不会放弃。在我们追求目标的时候，也应该借鉴这种智慧。不管写作中需要多少项本领，我们总得一项一项地去掌握，而不能每次都从构思立意、取材组材、结构行文、语言修辞等方面笼统地去要求，什么都想达到的话，往往什么都做得不好。心理学的相关研究也告诉我们，一个人一定时段的注意力、记忆力是有限的，如果目标不集中，有限的精力就会分散在多个焦点上，那么学习的效果自然不会好。从另一个角度来说，如果我们一件一件地做事情，了结一件事情再去做另一件事情，会产生一种满足感，甚至是成就感。学生在学习中也需要这样的满足感和成就感，写作教学亦是如此。

　　笔者在研究中发现，目标导向的写作教学有助于将学生的"写"和"学"紧密联系起来，有助于提高写作教学的针对性，也有助于提高学生的写作热情。但是由于时间和研究条件的限制，研究中未能开展广泛的调查研究，也没有开展相关教学实验，研究结果具有一定的局限性。但是，在以后的研究中，笔者将继续关注这一问题，并且希望通过与中学的深度合作，进行相关教学实验并改进目标导向写作教学的实施和评价策略。

参考文献

一、英文文献

[1] Anonymous. Calvert Education Services Offers Virtual Writing Skills Workshop for Middle School Students [J]. Wireless News, 2010, 11 (2).

[2] Cramer, Anne Mong, Linda H. Mason. The Effects of Strategy Instruction for Writing and Revising Persuasive Quick Writes for Middle School Students with Emotional and Behavioral Disorders [J]. Behavioral Disorders, 2014, 40 (1).

[3] Dursun Ahmet, Morris Jennifer K., Ünald Aylin. Designing Proficiency – oriented Performance Tasks for the 21st – century Workplace Written Communication: An Evidence – centered Design Approach [J]. Assessing Writing, 2020, 46 (46).

[4] Islam Asim Ismail, Veda Sharan. Teaching Writing Skills through English Literature: The Case of Palestine [J]. Journal of Research in Vocational Education, 2020, 2 (10).

[5] Kjell Lars Berge, Lars Sigfred Evensen, Ragnar Thygesen. The Wheel of Writing: A Model of The Writing Domain for the Teaching and Assessing of

Writing as a Key Competency〔J〕. The Curriculum Journal, 2016, 27 (2) .

〔6〕 Madelene Blaer, Warwick Frost, Jennifer Laing. The Future of Travel Writing: Interactivity, Personal Branding and Power〔J〕. Tourism Management, 2020, 13 (09) .

〔7〕 Regina E. Toolin. Learning What It Takes to Teach Science: High School Students as Science Teachers for Middle School Students〔J〕. Journal of Science Education and Technology, 2003, 12 (4) .

〔8〕 Squire, Clark. Exploring How Fourth – Grade Emerging Bilinguals Learn to Write Opinion Essays〔J〕. Literacy Research and Instruction, 2020, 59 (1) .

〔9〕 Steve Graham. The Sciences of Reading and Writing Must Become More Fully Integrated〔J〕. Reading Research Quarterly, 2020, 55 (55) .

〔10〕 Turcotte, Caron. Better Together: Combining Reading and Writing Instruction to Foster Informative Text Comprehension〔J〕. Literacy Research and Instruction, 2020, 59 (3) .

二、中文文献

1. 中文专著

〔1〕〔英〕安东尼·海恩斯. 作文教学的 100 个绝招〔M〕. 杨海洲, 杜铁清, 译. 北京: 教育科学出版社, 2009.

〔2〕〔美〕巴巴拉·明托. 金字塔原理: 思考、写作和解决问题的逻辑〔M〕. 王德忠, 张珣, 译. 北京: 民主与建设出版社, 2002.

〔3〕 曹勇军, 傅丹灵. 中美写作教学对话十五讲〔M〕. 上海: 上海教育出版社, 2018.

〔4〕 陈涛等. 专家作家谈语文学习〔M〕. 北京: 语文出版社, 1985.

[5] 顾黄初，顾振彪．语文课程与语文教材［M］．北京：社会科学文献出版社，2001．

[6] 顾黄初，张泽民．初中作文教学设计［M］．北京：北京师范大学出版社，1986．

[7] ［美］哈德费尔德．写作教学［M］．王炫元，肖林，译．上海：上海教育出版社，2005．

[8] 韩雪屏，王相文，王松泉．语文课程教学资源［M］．北京：高等教育出版社，2007．

[9] ［美］杰拉尔德·格拉夫，凯茜·比肯施泰因．高效写作的秘密［M］．姜昊骞，译，北京：天地出版社，2019．

[10] ［英］杰里米·哈默．朗文如何教写作［M］．邹为诚，译．北京：人民邮电出版社，2011．

[11] ［美］L·W·安德森．学习、教学和评估的分类学——布卢姆教育目标分类学修订版［M］．皮连生，主译．上海：华东师范大学出版社，2008．

[12] ［美］劳丽·罗扎斯基．创造性写作［M］．邢锡范，王少凯，裴瑞成，译．沈阳：辽宁教育出版社，2002．

[13] 李白坚．21世纪我们怎样教作文［M］．上海：上海教育出版社，2005．

[14] 林荣凑．论述文写作16课［M］．杭州：浙江工商大学出版社，2018．

[15] 马正平．中学写作教学新思维［M］．北京：中国人民大学出版社，2003．

[16] ［美］美国心理协会．美国心理协会写作手册［M］．陈玉玲，王明杰，译．重庆：重庆大学出版社，2008．

［17］潘新和．不写作，枉为人［M］．福州：福建教育出版社，2014.

［18］彭小明，韩利平．写作教学论：三段九级写作教学模式研究［M］．北京：科学出版社，2017.

［19］皮连生．学与教的心理学［M］．上海：华东师范大学出版社，1997.

［20］皮连生．知识分类与目标导向教学——理论与实践［M］．上海：华东师范大学出版社，1998.

［21］［美］凯·M·普赖斯，［美］卡娜·L·纳尔逊．有效教学设计：帮助每个学生都获得成功（第四版）［M］．李文岩等，译．北京：中国人民大学出版社，2016.

［22］普丽华，江少川．现代写作概论［M］．武汉：华中师范大学出版社，2005.

［23］钱谷融．现代作家国外游记选［M］．上海：上海文艺出版社，1983.

［24］施茂枝．这样教写作不难——基于小学生心理特征的写作教学序列与模式［M］．北京：高等教育出版社，2018.

［25］［美］唐纳德·麦奎德，罗伯特·阿特温．写作中的思维训练［M］．吴其馥等，译．北京：中国广播电视出版社，1991.

［26］田慧生．课堂评价的理论与实践［M］．乌鲁木齐：新疆青少年出版社，2009.

［27］王本华．张志公论语文·集外集［M］．北京：语文出版社，1998.

［28］王荣生．写作教学教什么［M］．上海：华东师范大学出版社，2014.

［29］王佑军，李爱梅. 初中语文智慧课堂·写作教学的智慧［M］. 太原：山西教育出版社，2015.

［30］韦志成. 作文教学论［M］. 南宁：广西教育出版社，1998.

［31］［美］温特贝尔特大学认知与技术小组. 美国课程与教学案例透视：贾斯珀系列［M］. 王文静，乔连全，译. 上海：华东师范大学出版社，2002.

［32］萧枫，陈芳让. 名家谈游记创作［M］. 西安：陕西人民美术出版社，1988.

［33］杨泉良. 新理念阅读教学论［M］. 广州：广东高等教育出版社，2013.

［34］叶黎明. 写作教学内容新论［M］. 上海：上海教育出版社，2012.

［35］叶圣陶. 叶圣陶语文教育论集［M］. 北京：教育科学出版社，2015.

［36］余映潮. 余映潮语文教学设计技法80讲［M］. 广州：广东人民出版社，2014.

［37］俞发亮. 议论文写作与理性思维［M］. 福州：福建教育出版社，2019.

［38］俞发亮. 作文课，我们有办法：4位小学语文名师的作文教学智慧［M］. 上海：华东师范大学出版社，2015.

［39］曾多闻. 美国学生写作技能训练［M］. 北京：中国青年出版社出版，2019.

［40］张超. 别开生面的阅读与写作［M］. 北京：中国人民大学出版社，2017.

［41］张朝，林丰勋. 心理学导论［M］. 北京：清华大学出版社，2017.

[42] 张天定. 写作心理学［M］. 郑州：河南大学出版社，1999.

[43] 章熊等. 中学生言语技能训练［M］. 北京：人民教育出版社，2005.

[44] ［美］珍妮佛·塞拉瓦洛［M］. 美国学生写作技能训练. 冯羽，蔡芸菲，译. 北京：北京科学技术出版社，2019.

[45] 郑桂华. 写作教学研究［M］. 南宁：广西教育出版社，2018.

[46] ［日］芝本秀德. 如何高效写作［M］. 陈镠霏，译. 北京：文化发展出版社，2018.

[47] 朱建军. 语文课程"读写结合"研究：理论、标准与实践［M］. 北京：教育科学出版社，2013.

[48] 朱晓斌. 写作教学心理学［M］. 杭州：浙江大学出版社，2007.

2. 中文文章

[1] 白花丽. 游记写作教学的目标梯度及实施路径［J］. 教学月刊（中学版），2020（9）.

[2] 陈琪. 高中生活作文教学策略研究［D］. 重庆：重庆师范大学，2012.

[3] 程颖. 语文教学目标的价值诉求及有效生成［J］. 语文建设，2015（35）.

[4] 房文青. 高考作文改革与高中作文教学探讨［D］. 武汉：华中师范大学，2008.

[5] 冯玫. 论作文教学中观察能力的培养［D］. 北京：首都师范大学，2004.

[6] 顾之川. 论语文学科核心素养［J］. 中学语文教学，2016（3）.

[7] 郭润贤. 多元智能评价在职中语文教学中的运用［J］. 中山大学

学报论丛，2006（8）．

[8] 胡斌．日常生活作文：个体精神世界的自觉建构之途 [J] ．中国教育学刊，2012（7）．

[9] 刘义民．语文教学目标有效生成研究 [D] ．西南大学，2013.

[10] 倪文锦．关于写作教学有效性的思考 [J] ．课程·教材·教法，2009（3）．

[11] 潘涌．语文核心素养：“表达力”和“思想力”——基于 PISA 最新分析报告 [J] ．首都师范大学学报，2017（3）．

[12] 皮连生，吴红耘．两种取向的教学论与有效教学研究 [J] ．教育研究，2011（5）．

[13] 皮连生．基于科学取向教学论的教学设计与评析 [J] ．当代教育科学，2014（12）．

[14] 皮连生．运用科学取向教学论，引领教改新方向 [J] ．教育科学研究，2013（8）．

[15] 荣维东．写作课程范式研究 [D] ．华东师范大学，2010.

[16] 荣维东．写作任务要素矩阵：一种新型写作教学法 [J] ．语文建设，2020（17）．

[17] 盛群力，马兰，褚献华．论目标为本的教学设计 [J] ．教育研究，2008（5）．

[18] 魏小娜．语文科真实写作教学研究 [D] ．西南大学，2009.

[19] 温儒敏．“部编本”语文教材的编写理念、特色与使用建议 [J] ．课程·教材·教法，2016（11）．

[20] 吴红耘，皮连生．试论与课程目标分类相匹配的学习理论 [J] ．课程·教材·教法，2005（6）．

[21] 吴红耘，皮连生．修订的布卢姆认知教育目标分类学的理论意

义与实践意义——兼论课程改革中"三维目标"说 [J]. 课程·教材·教法, 2009 (2).

[22] 徐迟. 漫谈游记 [J]. 文艺报, 1959 (4).

[23] 姚利民. 有效教学研究 [D]. 华东师范大学, 2004.

[24] 章熊. 关于中学写作教学的几点思考 [J]. 中学语文教学, 2006 (10).

[25] 章熊. 中学生写作能力的目标定位 [J]. 课程·教材·教法, 2000 (5).

[26] 朱德发. 试论中国游记散文的文体特征 [J]. 菏泽师专学报, 2001 (1).

[27] 朱建军. 中学语文课程"读写结合"研究 [D]. 华东师范大学, 2010.

[28] 祝新华. 从学生作文心理角度开展写作教学改革 [J]. 课程·教材·教法, 2001 (3).